Karo Kuhn · Nicole Schol

Pimp your Life

99 Dinge, die du unbedingt mal tun solltest

Über die Autorinnen

Karo Kuhn ist Lektorin bei Gerth Medien. Sie hat etwa die Hälfte der Liste schon abgearbeitet und hofft, dass sie den Rest auch noch hinbekommt. Am liebsten gemeinsam mit ihrer Tochter Juli.

Nicole Schol ist seit mehr als zehn Jahren Lektorin bei Gerth Medien. Sie träumt davon, sich einmal für ein Jahr mit einem riesigen Stapel Bücher und all ihren DVDs auf eine einsame Insel zurückzuziehen – oder „in Galaxien vorzudringen, die noch nie zuvor ein Mensch gesehen hat“.

Karo Kuhn · Nicole Schol

Pimp your Life

99 Dinge, die du unbedingt mal tun solltest

GerthMedien

MIX
Papier aus verantwortungsvollen Quellen
FSC® C014496

Verlagsgruppe Random House FSC-DEU-0100
Das für dieses Buch verwendete FSC®-zertifizierte Papier
Holmen Book Cream liefert Holmen Paper, Hallstavik, Schweden.

Die Bibelzitate wurden den folgenden Bibelübersetzungen entnommen:

- Gute Nachricht Bibel, revidierte Fassung, durchgesehene Ausgabe in neuer Rechtschreibung, © 2000 Deutsche Bibelgesellschaft, Stuttgart (GN)
- Lutherbibel, revidierter Text 1984, durchgesehene Ausgabe in neuer Rechtschreibung, © 1999 Deutsche Bibelgesellschaft, Stuttgart (LÜ)
- Hoffnung für alle – Die Bibel, durchgesehene Ausgabe in neuer Rechtschreibung, © 1986, 1996, 2002 by International Bible Society, USA. Übersetzt und herausgegeben durch: Brunnen Verlag Basel, Schweiz (Hfa)
- Einheitsübersetzung der Heiligen Schrift, © 1980 Katholische Bibelanstalt, Stuttgart. Durchgesehene Ausgabe in neuer Rechtschreibung, © 1999 Verlag Katholisches Bibelwerk GmbH, Stuttgart (EÜ)
- Neues Leben © Copyright der amerikanischen Ausgabe 1996 by Tyndale House Publishers Inc., Wheaton, Illinois, USA. Originaltitel: Holy Bible, New Living Translation / © Copyright der deutschen Ausgabe 2002 und 2005 by Hänssler Verlag, D-71087 Holzgerlingen, Germany. All rights reserved. (NL)
- Revidierte Elberfelder Bibel, © 1985, 1992 R. Brockhaus Verlag, Witten (RE)

5. Auflage 2012
Bestell-Nr. 816 314
ISBN 978-3-86591-314-2
Umschlaggestaltung: Immanuel Grapentin
Satz: Die Feder GmbH, Wetzlar
Druck und Verarbeitung: GGP Media GmbH, Pößneck
Printed in Germany

Inhalt

Vorwort

Wenn man ein bisschen durchs Internet surft, stößt man immer wieder auf Listen mit 99, 100, 200 oder sonst wie vielen Dingen, die man in seinem Leben unbedingt mal getan haben muss. Das können so gängige Dinge sein wie „Pflanz einen Apfelbaum“, „Flieg mit einem Flugzeug“ oder „Stell eine eigene Homepage ins Netz“ oder so „exotische“ (mit anderen Worten: schwachsinnige) wie: „Hab einen One-Night-Stand“, „Lass mal eine Abtreibung durchführen“ und „Beschädige beim Einparken ein anderes Auto“. Natürlich sind solche Listen immer subjektiv. Aber es gibt eines, das sie alle nicht bieten: einen guten Grund, *warum* man sich aus einem Flugzeug stürzen, einen Berg besteigen oder ein Lama küssen sollte.

Wir beide sind große Fans solcher Listen – und abenteuerlustig genug, um zumindest einen großen Teil der realistischeren Vorschläge auszuprobieren. Aber was noch wichtiger ist: Wir haben uns mal darüber Gedanken gemacht, *warum* man all diese Dinge überhaupt tun sollte – das heißt, was sie uns bringen und was das Ganze mit Gott zu tun haben könnte, der uns (daran glauben wir jedenfalls beide) auf diesen Blauen Planeten gesetzt hat. Und zwar nicht, damit wir uns brav an irgendwelche Regeln halten und ein möglichst langweiliges Leben führen, sondern damit wir das Leben in seiner ganzen Fülle ausloten können. Und so sind wir auf unsere ganz persönliche, ebenfalls sehr subjektive Liste der Dinge gekommen, die man unserer Meinung nach auf keinen Fall verpassen sollte.

Unsere Vorschläge sind sehr vielfältig, daher haben wir sie in unterschiedliche Kategorien (z. B. Abenteuer, Natur und Reisen) unterteilt. Die meisten sind ziemlich actionreich und sollen dich einladen, deine vier Wände zu verlassen und dich in (d)ein Auto, einen Flieger oder sogar ein Raumschiff zu stürzen, um dich an einen bestimmten Ort zu begeben. Gerade solche Aufgaben kannst du auch gemeinsam mit ein paar Freunden angehen – zusammen macht so etwas einfach mehr Spaß. Außerdem hat das den Vorteil, dass man sich über seine Erfahrungen austauschen kann.

Andere Ideen sind etwas kontemplativer. Sie laden dich dazu ein, dich in die Stille zu begeben und über bestimmte Dinge – vielleicht zum ersten Mal in deinem Leben – nachzudenken.

Das Ganze haben wir dann noch mit ein paar Filmtipps ergänzt – um das Thema zu vertiefen (beispielsweise für die Jugendstunde oder eine Andacht), damit du sehen kannst, wie Regisseure diesen Aspekt behandelt haben – oder einfach nur zur Unterhaltung. Hinzu kommen auch noch Bibelverse, in denen du nachlesen kannst, was Gott sich bei der Sache gedacht hat oder wie biblischen Personen diesen Punkt sehen.

„Pimp your Life – 99 Dinge, die du unbedingt mal tun solltest" – unser ganz persönliches, subjektives Handbuch für all die Abenteuer, die da draußen auf uns alle warten.

Karo Kuhn • Nicole Schol

Abenteuer

1 Schlaf mal eine Nacht unter dem Sternenhimmel

„Der Weltraum ... Unendliche Weiten ... Dies sind die Abenteuer –" Moment, das ist ein ganz anderer Film. Aber wenn du schon mal einen Science-Fiction-Film gesehen hast, dann weißt du, dass das Universum, durch das all die „Enterprises" oder „Galacticas" fliegen, unendlich groß ist und unendlich viele verschiedene Lebewesen beherbergt. Na ja, damit will ich nicht sagen, dass da draußen irgendwo kleine grüne Männchen darauf warten, von dir entdeckt zu werden. Aber wenn du auf dem Land wohnst oder schon einmal an einem Ort Urlaub gemacht hast, wo die nächste Stadt nicht gleich direkt um die Ecke lag, ist dir vielleicht aufgefallen, dass man in klaren Nächten das Leuchten zahlloser Sterne sehen kann. Es ist nicht so, dass sie tagsüber nicht leuchten würden, doch dann werden sie von der Sonne überstrahlt. Aber das Unglaubliche ist, dass viele dieser Sterne so weit von unserer Erde entfernt sind, dass sie bereits verglüht sind, bevor ihr Licht uns überhaupt erreicht. Und da das Licht in einer Sekunde fast 300.000.000 Meter weit reist, muss diese Entfernung – das heißt das Alter dieser Sterne – sehr groß sein.

Kannst du dir das vorstellen: Mit dem „Leben" eines Sterns verglichen ist unsere menschliche Existenz nicht mehr als ein Wimpernschlag im Universum. Die durchschnittlich etwa 80 (Männer) bzw. 86 Jahre (Frauen), die ein Deutscher hier auf diesem Planeten lebt, sind, verglichen mit dem Alter der Sterne, völlig unbedeutend. Und die Erde ist auch nur einer unter unendlich vielen Planeten, und da nicht einmal ein besonders großer oder zentraler. Die Menschen sind also im Grunde völlig unbedeutend und klein – aber das Unglaubliche ist: Gott sieht das völlig anders. Wenn du dich einmal näher mit dem Weltall beschäftigst, wirst du feststellen, dass sich unser kleiner Blauer Planet exakt an der Stelle im Universum befindet, an der Leben überhaupt möglich ist. Wissenschaftler haben bislang zahllose Planeten entdeckt, benamst und mit dem Hubble-Teleskop fotografiert, aber Leben haben sie bisher auf keinem gefunden.

Dass die vier Grundkräfte, die allen physikalischen Phänomenen der Natur zugrunde liegen – die starke Wechselwirkung, die elektromagnetische Wechselwirkung, die schwache Wechselwirkung und die Gravitation –, sowie Ausdehnungsgeschwindigkeit des Universums und Materieanteile beispielsweise so fein aufeinander abgestimmt sind, dass hier Leben möglich ist und dass wir genauso aussehen, wie wir eben aussehen, ist auch eine Besonderheit der Erde. Wäre die Feinabstimmung nur ein wenig anders, hätten wir alle vielleicht kurze dicke Beine und knubbelige Oberkörper oder wir hätten ellenlange Beine und kleine Oberkörper.

Aber das Geniale ist: Wir Menschen waren Gott so wichtig, dass er selbst auf diesen Planeten kam, einer von uns wurde und für uns starb, damit er für uns nicht länger ein Gott war, der irgendwo am anderen Ende des Universums im Planetensystem Iota Draconis lebt, sondern für uns jederzeit und überall erreichbar ist. Jesus Christus ist der „heruntergekommene“ Gott. Während wir sehnsüchtig in den Nachthimmel starren und uns wünschen, mit Captain Picard unbekannte Welten und Leben „irgendwo da draußen“ zu entdecken, kam Gott zu uns herab und ließ sich von uns entdecken.

Schnapp dir aber trotzdem in einer warmen Sommernacht einmal deinen Schlafsack und übernachte unter freiem Himmel. Falls du in der Stadt wohnst, wo es nachts nie richtig dunkel wird bzw. wo dies nicht möglich ist: Fahre auf einen ruhigen Zeltplatz.

Nicole

Filmtipps

- Alarm im Weltall
- 2001 – Odyssee im Weltall
- Contact

Bibelvers

„Er wies ihnen für alle Zeiten ihren Platz im Weltall zu und gab ihnen feste Gesetze, denen sie für immer unterworfen sind.“ (Psalm 148,6; Hfa)

Abenteuer

2 Spring vom 10-Meter-Brett

(oder probier Bungee-Jumping, Fallschirmspringen o. Ä.)

Du kannst gar nichts dagegen tun, dass dir da oben die Knie schlottern wie zwei Pakete Wackelpudding. Das Becken, in das du vom 10-Meter-Turm springen sollst, sieht irgendwie sehr weit weg und sehr klein aus – und da sollst du reintreffen? Im Geiste siehst du dich schon zwischen beleibten alten Damen und kreischenden Kleinkindern auf dem Beckenrand aufklatschen. Ein Gedicht von Erich Kästner kommt dir in den Sinn: „Selbstmord im Familienbad". Plötzlich kannst du Kai Pflaume doch verstehen, der beim legendären Turmspringwettbewerb mit Stefan Raab so rumgezickt hat, obwohl Sonya Kraus sogar zuerst gesprungen ist.

„Nein, also wirklich, was für eine bescheuerte Idee! Welcher Wahnsinnige ist denn auf die Idee gekommen, dass man von so was runterspringen kann? Und wozu soll das gut sein? Nie im Leben mach ich das!" Das sind die Worte des kleinen Männchens auf deiner linken Schulter, und schon hast du dich halb rumgedreht, um die Leiter wieder runterzusteigen. Doch halt – da steht schon ein höchstens siebenjähriger Knirps und wartet ungeduldig, dass du endlich springst. Eine klassische Patt-Situation. Zurück geht irgendwie nicht – das wäre dann doch ein bisschen zu peinlich. Beim Gedanken an den Sprung bist du aber wie gelähmt. Doch plötzlich ergreift das Männchen auf deiner rechten Schulter die Initiative und brüllt: „Los, mach schon, spring! Nicht mehr nachdenken, einfach machen!"

Und bevor du noch weiter zögern und zicken kannst, ist es auch schon passiert – du bist gesprungen! Einen Moment droht dir ein Herzversagen, du fliegst endlos in die Tiefe ... und, kawumm – Aufprall. Zum Glück einigermaßen gerade und ohne große Angriffsflächen für die knallharte Wasseroberfläche. Jetzt bloß kein Wasser in die Nase kriegen ... Du sinkst unter Wasser. Hui, geht das tief runter! Die Augen hast du vor lauter Angst immer noch fest zugekniffen, als deine Füße auch schon den Boden des Beckens berühren. Und wieder hinauf ...

Als dein Kopf die Wasseroberfläche durchbricht, fühlst du dich irgendwie großartig. Und ziemlich erleichtert. Eigentlich war es gar nicht so schlimm ... vielleicht machst du es gleich noch mal ... oder vielleicht doch lieber nicht ...?

Wenn dir Wasser nicht so liegt, könntest du stattdessen irgendeine andere Sache ausprobieren, die großen Mut von dir erfordert, z. B. Bungee- oder Fallschirmspringen. Surf doch mal bei www.jochen-schweizer.de vorbei. Dort findest du die ungewöhnlichsten Ideen für ein actionreiches Erlebnis!

Karo

Filmtipps

- Gefährliche Brandung
- Tödliche Geschwindigkeit

Bibelvers

„Mit dir, mein Gott, erstürme ich Schutzwälle, mit dir springe ich über Mauern." (Psalm 18,30; GN)

Persönlichkeit

3 Gib etwas weg, das dir wirklich viel bedeutet

Klar, die Regale und den Kleiderschrank zu entrümpeln ist immer gut; das sollte man am besten einmal im Jahr machen. Bei Klamotten gilt die Regel: Was man im vergangenen Jahr nicht angezogen hat, wird man vermutlich auch nie mehr tragen. Also raus damit und Platz geschafft. Hast du bestimmt schon öfters gemacht.

Aber hast du auch schon mal etwas weggegeben, das nicht sowieso schon überflüssig war, sondern das dir wirklich wichtig und wertvoll war und das du eigentlich auch selbst noch ganz gut gebrauchen konntest? Wenn nicht, solltest du das unbedingt mal ausprobieren.

Du kannst ja testweise einfach mal klein anfangen: mit einem Buch, einer CD oder einem Game. Vielleicht erzählt dir ja jemand mal „so nebenbei", dass er sich unbedingt eine bestimmte DVD kaufen will, weil er den Film so toll findet. Warum ihm nicht eine Riesenfreude machen und ihm diese DVD schenken, falls du sie zufällig besitzt?

Fortgeschrittene könnten sich auch von größeren, teureren Dingen trennen. Zum Beispiel könntest du deine Stereoanlage deinem kleinen Bruder geben, weil der sonst noch fünf Jahre sein Taschengeld für so ein Gerät sparen müsste. Oder deine heißgeliebte DVD-Sammlung einer Klassenkameradin schenken, die im Krankenhaus liegt und dringend etwas Ablenkung gebrauchen könnte. Oder ... oder ... oder ...

Eine solche Form der Großzügigkeit tut im ersten Moment ein bisschen weh, aber sie zahlt sich absolut aus! Und zwar vor allem für dich selbst.

Die Schlüsselstelle hierzu steht im zweiten Brief an die Gemeinde in Korinth, Kapitel 9, ab Vers 6 bis Vers 8: „Denkt daran: Wer spärlich sät, wird nur wenig ernten. Aber wer mit vollen Händen sät, auf den wartet eine reiche Ernte. Jeder soll so viel geben, wie er sich in seinem Herzen vorgenommen hat. Es soll ihm nicht leidtun und er soll es auch nicht nur geben, weil er sich dazu gezwungen fühlt. Gott liebt fröhliche Geber! Er hat die Macht, euch so reich zu beschenken, dass ihr nicht nur jederzeit genug habt für euch selbst, sondern auch noch anderen reichlich Gutes tun könnt."

Die alten Pharaonen haben sich damals all ihre Reichtümer mit in ihre gigantischen Grabanlagen hineinlegen lassen – denn sie gingen davon aus, dass ihnen diese dann auch im Jenseits noch nützlich sein würden. Da aber die meisten Pharaonengräber in den Hunderten von Jahren nach der „Beerdigung" ausgeraubt wurden, hatte dieses System offenbar ein paar Schwachstellen ☺.

Hast du schon mal darüber nachgedacht, ob es sich lohnt, in diesem Leben „Reichtümer" anzuhäufen?

Karo

Filmtipp

- Das Glücksprinzip

Bibelvers

„Wer großzügig gibt, wird dabei immer reicher; wer aber sparsamer ist, als er sein sollte, wird immer ärmer dabei." (Sprüche 11,24; NL)

Abenteuer

4 Reite auf einem Kamel durch die Wüste

Viele Menschen wollen zu Beginn der Ferienzeit nur eines: mindestens zwei Wochen an einem Strand im Süden liegen – egal, ob sich dieser Strand auf Lanzarote oder Mallorca, in Italien, Portugal oder in Bulgarien befindet. Ein paar Wetterfeste reisen vielleicht auch mal zum Zelten nach Skandinavien oder zum Wandern nach Irland – Hauptsache, Tapetenwechsel und Nichtstun.

Doch was wäre, wenn du dich in deinen Ferien mal auf eine Entdeckungsreise der anderen Art begibst und eine Wüstenwanderung oder einen Kamelritt durch die Wüste machst? Einige Agenturen bieten geführte Touren an, auf denen du den Spuren von Mose und Co. durch die karge Landschaft Jordaniens folgen kannst – durch Täler, in denen Mose die Schafe seines Schwiegervaters gehütet haben könnte; über Hügel, auf denen Abraham vielleicht sein Zelt aufgebaut und von Nachkommen geträumt hat, die so zahlreich sind wie die Sterne am Himmel. Wie war es wohl damals vor Tausenden von Jahren, als diese „großen" Männer der Bibel auf ebendiesen Pfaden gewandert sind?

„Wüstenerfahrungen" sind nicht umsonst ein Riesenthema in der Bibel – viele der entscheidendsten Ereignisse der Bibel sind in der Wüste passiert: Moses Berufung, Abrahams Gang mit Isaak zum Berg Moria, Jakobs Begegnung mit Gott höchstpersönlich und nicht zuletzt die Versuchung von Jesus durch den Teufel.

„Wüstenzeiten" stehen auch symbolisch für „Dürrezeiten" im Leben, Durststrecken, in denen man sich innerlich ausgetrocknet fühlt und sich nichts mehr zu bewegen scheint – außer vielleicht einer Fata Morgana, einem Trugbild am Horizont. Und wenn man dann auf eine Oase stößt oder Regen fällt, ist die Freude unbeschreiblich. Der Wert von Wasser wird einem in der Wüste erst ganz neu bewusst.

Und oft beginnt gerade in Wüstenzeiten etwas besonders Wertvolles. Denn gerade unter diesen schwierigen Bedingungen wird klar, wie wichtig Vertrauen und Nähe zu Gott sind. Es sind vor allem die unbequemen Wege durch die Einöde, die Gott gebraucht, um Menschen zu formen und ihnen geistliches Wachstum zu schenken.

Geh also mal in ein Reisebüro und erkundige dich nach Informationsmaterial zu solchen „Extrem-Urlauben“. Falls du dort nicht fündig wirst: Im Internet gibt es sicher weitere Informationen darüber sowie Erfahrungsberichte von Menschen, die solche Trips schon gemacht haben (z. B. Contrast Getaway Adventures).

Nicole

Filmtipps

- Die Zehn Gebote
- Die Wüste lebt
- Ishtar
- Der englische Patient

Bibelvers

„Vergesst nicht, wie der Herr, euer Gott, euch vierzig Jahre lang in der Wüste umherziehen ließ! Das tat er, um euch vor Augen zu führen, dass ihr ganz auf ihn angewiesen seid, aber auch, um euch auf die Probe zu stellen und zu sehen, ob ihr seinen Weisungen folgen würdet oder nicht.“
(5. Mose 8,2; GN)

Abenteuer

5 Lern, ein Feuer ohne Streichhölzer oder Feuerzeug zu entfachen

Klingt nicht umsonst nach Steinzeit und gehört zu den elementarsten menschlichen Erfahrungen: Feuer machen! Mit der Herrschaft über das Feuer haben die ersten Menschen einen entscheidenden Entwicklungsschritt gemacht, da sie von da an frei über Wärme und Licht verfügen und Nahrung zubereiten konnten. Eine Fertigkeit, die man unbedingt beherrschen sollte – wer weiß, wann man's noch mal brauchen kann! Denn es gibt ja genügend Filme oder TV-Serien, in denen jemand plötzlich und unerwartet auf einer einsamen Insel strandet. Offensichtlich trifft es mehr Leute, als man denkt ☺.

Hier ein paar Möglichkeiten, Feuer zu machen ... Ugauga!

Feuerstein: In Norddeutschland, vor allem an der Küste, gibt es überall Feuersteine. In Mitteldeutschland und im Süden wird es schon etwas schwieriger, einen zu finden. Ganz wichtig ist auch erstklassiges Brennmaterial, „Zunder" genannt. Es muss sehr leicht entflammbar und absolut trocken sein. Halte den ca. faustgroßen Feuerstein in der linken Hand und schlag von oben mit einem Stück Stahl (Messerrücken, Nagel oder Ähnliches) an der Seite des Feuersteins entlang. Genau darunter muss der Zunder liegen, in den dann die entstehenden Funken fallen. Wenn ein Funke auf den Zunder übergesprungen ist und das Ganze zu glimmen beginnt, musst du die Glut durch vorsichtiges Pusten anfachen. Achtung: Bitte nur mit

Schutzbrille üben, da Steinsplitter herumfliegen können, die im schlechtesten Fall üble Augenverletzungen verursachen!

Brennglas: Mit dem Brennglas lässt sich nur bei Sonnenschein Feuer machen. Die Linse des Brennglases bündelt die Sonnenstrahlen. Du musst durch Probieren den Abstand herausfinden, bei dem die Sonnenstrahlen auf dem kleinsten Punkt gebündelt werden. Wenn du dann diesen Punkt auf den Zunder konzentrierst, wird's dem Zeug bald ziemlich heiß! Dafür kann man Glas aus Ferngläsern, sehr starken Brillen und evtl. auch Flaschenböden verwenden.

Feuerbohren: Wie der Name schon sagt, wird das Feuer durch Bohren (Reibung von Holz auf Holz) erzeugt. Diese Methode ist vor allem für Leute geeignet, die mit besonders viel Geduld gesegnet sind. Die Reibung von Holz auf Holz kann man noch erhöhen, indem man Sand auf die Reibfläche gibt. Bei der Reibung beginnt dann der Holzstaub zu glimmen. Eine genaue Beschreibung dieser Technik mit „Bastelanleitungen" und Fotos sowie viele andere Möglichkeiten des Feuermachens und übrigens auch noch jede Menge andere Tipps und Ideen rund ums Thema „Survivaltraining" findest du hier: www.survival-abenteuer.de

Karo

Filmtipps
- Steinzeit – das Experiment
- Steinzeit Junior

Bibelvers
„Kann man Feuer in der Tasche seines Gewandes tragen, ohne das Gewand in Brand zu setzen?" (Sprüche 6,27; GN)

6 Probier mal „Bookcrossing" und setze Bücher irgendwo aus

Die berühmten „Gideons" haben es vorgemacht, und so kommt es, dass inzwischen weltweit in so ziemlich jedem Hotelzimmer eine Bibel liegt und auf einen „Mitnehmer" wartet. Warum nicht auch mal selbst ein Buch irgendwo „aussetzen"?

Man nehme ein Buch und deponiere es irgendwo: am Geldautomaten, in der S-Bahn, in der Telefonzelle, auf dem Bahnhofsklo. Empfehlenswert sind dabei wettergeschützte Orte, da manche Bücher unter Umständen über längere Zeit nicht gefunden werden und Taschenbücher Feuchtigkeit übler nehmen als gebundene Bücher (und schließlich haben Bücher auch Gefühle!).

Wenn du willst, kannst du auch eine etwas ausführlichere Widmung in die Bücher schreiben oder sogar deine E-Mail-Adresse, falls der Leser Fragen hat. Aber nur, wenn du auch wirklich antworten willst!

Schade ist bei dieser Aktion nur, dass man nicht erfährt, was daraus geworden ist. Oder zumindest nicht jetzt und hier. Da es aber ja bekanntlich nichts gibt, was es nicht gibt, gibt's natürlich auch längst eine Internetseite zum Thema Bookcrossing und auf der auch eine zentrale Datenbank (www.bookcrossing.de). Dort kannst du erst dich und dann deine „auszusetzenden" Bücher registrieren und dann kannst du den Weg des Buches von einem Besitzer zum nächsten verfolgen. Dort erhält es nämlich eine BCID (**B**ook**C**rossing-**ID**entitätsnummer) sowie eine eigene Internetseite, auf der der aktuelle und alle zukünftigen Besitzer ihre Kommentare zu dem Buch hinterlassen können. Normalerweise teilst du dort auch mit, wo du dein Buch ausgesetzt hast, damit andere Bookcrosser sich gezielt auf die Suche nach dem Buch begeben können.

Vielleicht fragst du dich jetzt, welches Buch du aussetzen solltest. Das können Bücher sein, die eigentlich nur in deinem Bücherregal verstauben, weil sie dir nicht gefallen haben – und natürlich kann man Bücher nicht wegwerfen, oder?! Aber es könnten auch Bücher sein, die du aus den unterschiedlichsten Gründen liebst – weil die Story spannend und gut geschrieben ist, weil sie von deinem Lieblingsautor stammen, der dich sehr beeinflusst hat, oder auch „fromme“ Bücher, die den Leser mit auf eine Reise hin zu Gott nehmen.

Daher hier noch ein kleiner Tipp: Auf den Internetseiten der verschiedensten christlichen Verlage (zum Beispiel Hänssler, Bundes-Verlag, Brunnen, Gerth Medien) gibt es Schnäppchen-Angebote und Verteilbücher zum günstigen Preis.

Karo

Filmtipps

- Tintenherz
- Der Jane-Austen-Club
- Fahrenheit 451

Bibelvers

„Und der Herr antwortete mir und sagte: ‚Was ich dir jetzt enthülle, sollst du öffentlich auf Tafeln schreiben, in deutlicher Schrift, damit alle es lesen können!‘“ (Habakuk 2,2; GN)

Kulinarisches

7 Besuch einen Kochkurs

Liebe geht ja bekanntlich durch den Magen – aber nicht nur, um Mr Right (oder Mrs Right, denn glaub uns, Frauen stehen auf Männer, die kochen können!) zu angeln ist es sinnvoll, ein bisschen kochen zu lernen. Du hast nämlich selbst am allermeisten davon, wenn du weißt, wie man Spaghetti kocht, die *nicht* zusammenpappen, was an eine leckere Soße gehört, wie man Mousse au Chocolat zusammenrührt, ohne Dr. Oetker zu Hilfe zu rufen, und was das Geheimnis einer richtig guten Tomatensuppe ist. Und es gibt natürlich auch zahllose absolute No-nos an Herd und Backofen, die es zu vermeiden gilt – etwa zu viel Fett zu verwenden oder alte, trockene Gewürze zu benutzen.

Nicht umsonst haben ja Kochshows im Fernsehen gerade Hochkonjunktur. Es macht einfach Spaß, leckere Dinge zu essen, und es gibt 1.001 Möglichkeiten, den Gaumen mit immer neuen Kreationen zu erfreuen. Und Kochen ist gar keine soooo unglaublich hohe Kunst ... zumindest keine, die nicht jeder so weit lernen könnte, dass es zu einer schönen Palette richtig gut schmeckender Lieblingsgerichte reicht.

In den allermeisten Städten bieten Volkshochschulen und andere Einrichtungen Kochkurse für kleines Geld an. Sie sind genau das Richtige für Menschen, die wahre Fachleute darin sind, Suppendosen zu öffnen oder tiefgekühlte Pizza in den Ofen zu schieben. Dort kannst du – je nach Vorkenntnissen – lernen, leckere, einfache Menüs zu kochen, du kannst die internationale Küche entdecken und erfahren, wie man mexikanische Taco-Partys veranstaltet oder mithilfe von exotischen Pfannengerichten ganz neue Nahrungsmittelgruppen entdeckt.

Übrigens sind solche Kurse auch super geeignet, wenn du gerade irgendwo neu zugezogen bist und neue Leute kennenlernen oder Kontakte knüpfen willst.

Und wer weiß: Vielleicht wirst du ja der nächste Tim Mälzer oder Jamie Oliver. ☺

Karo

Buchempfehlungen

- Sabine Sälzer/Sebastian Dickhaut: „Basic cooking“, Gräfe & Unzer
- Jamie Oliver: „Genial kochen mit Jamie Oliver", Dorling Kindersley Verlag
- Tim Mälzer: „Born to cook: Schmeckt nicht gibt's nicht“, Goldmann Verlag

Filmtipps

- Bella Martha
- Rezept zum Verlieben
- Babettes Fest
- Jennas Kuchen
- Zimt & Koriander
- Eat Drink Man Woman
- Grüne Tomaten

Bibelvers

„Es gibt nichts Besseres für den Menschen, als sich an dem zu freuen, was er isst und trinkt, und das Leben trotz aller Mühe zu genießen. Doch ich erkannte, dass auch das ein Geschenk Gottes ist.“ (Prediger 2,24; NL)

8 Verbring ein Wochenende damit, auf Gott zu hören

Ein ganz normaler Wochentag.

6:50 Uhr: Der Radiowecker schaltet sich ein und weckt Lea mit „In the End“ von „Linkin Park“. Lea dreht sich müde auf die andere Seite und beschließt, sich das Lied noch in Ruhe anzuhören, bevor sie aufsteht.

6:55 Uhr: Lea geht in die Küche, schaltet das Radio ein, aus dem gerade Werbung ertönt.

Bis 7:20 Uhr: Während Lea sich im Bad fertig macht, begleitet sie das Programm des Radiosenders und sie singt lauthals mit.

7:25 Uhr: Nachdem sich Lea Frühstück gemacht hat, geht sie mit ihrem morgendlichen Kaffee und einem Nutella-Brötchen ins Wohnzimmer und sieht sich die Morgennachrichten an. Ihre Mutter schaut kurz herein und erkundigt sich, ob sie einen Apfel in die Schule mitnehmen will.

7:45 Uhr: Lea steckt sich die Kopfhörer ihres iPods in die Ohren, schnappt sich ihre Schultasche und macht sich auf den Weg zur Schule.

15:00 Uhr: Nach der Schule kommt Lea müde nach Hause, schaltet ihre Stereoanlage und den Computer ein und macht sich an ihre Hausaufgaben. Zwischendurch schickt sie noch ein paar SMS an ihre Freundin Emma.

18:00 Uhr: Die Familie isst gemeinsam zu Abend und unterhält sich über den Tag.

20:00 Uhr: Lea beschließt, ihre Freundin Emma zu besuchen. Die beiden Mädchen hängen in Emmas Zimmer ab und unterhalten sich über Jungs, die sie gut finden.

22:30 Uhr: Bevor Lea zu Bett geht, liest sie noch schnell ein bisschen in der Bibel und betet kurz. Dann schaltet sie das Licht aus, während sie sich in ihre Decke kuschelt.

Kommt dir das bekannt vor? Ein ganzer Tag vergeht, ohne dass du ernsthaft über Gott nachgedacht oder auf seine Stimme gehört hast. Stattdessen strömen den ganzen Tag über alle möglichen anderen Stimmen auf dich ein: Musik aus dem Radio oder deinem MP3-Player, Filme aus dem Fernseher oder im Kino, die Stimmen deiner Familie, deiner Freunde und Lehrer. Gott quetschst du kurz vor dem Schlafengehen noch so eben dazwischen. Doch irgendwie hast du das dumpfe Gefühl, dass es ganz anders laufen sollte ...

Wie wäre es, wenn du einmal einen Tag oder vielleicht sogar ein gesamtes Wochenende lang auf Radio, MP3-Player und Fernseher verzichtest? Lies doch stattdessen in der Bibel, führe Tagebuch und beschäftige dich mit den Themen, die gerade für dich wichtig sind, bete darüber, und sitz einfach nur da und warte, ob und wie Gott zu dir spricht.

Hier einige Anregungen, die du als „Tagesthema" nehmen könntest:

- Eigenschaften Gottes
- Dankbarkeit
- Zweifel
- die Psalmen
- Zukunftsplanung

Nicole

Filmtipps
- Jenseits der Stille
- Die große Stille
- Little Miss Sunshine

Bibelvers
„Ich aber schaue aus nach dem Herrn, ich warte auf den Gott, der mir hilft. Mein Gott wird mein Rufen erhören." (Micha 7,7; GN)

9 Beobachte ein echtes Naturschauspiel

Gott hat sich neben der ganz „gewöhnlichen“ atemberaubenden Schönheit der Welt auch noch ein paar ganz besondere Schmankerln in Form von fast schon überirdischen Naturschauspielen ausgedacht. Und wenn man diese – oder zumindest einige davon – nicht ein Mal im Leben beobachten konnte, ja, das wäre so, als hätte man noch nie einen Regenbogen gesehen! Natürlich lassen sich all diese Phänomene dank moderner Wissenschaft vollkommen logisch erklären ... was aber nichts an ihrem absoluten Wow-Effekt ändert!

Hier sind nur ein paar Beispiele für solche Naturschauspiele:

Meteoritenschauer: Neben einzeln auftretenden Meteoren gibt es sogenannte Meteorströme (auch Meteoritenschauer oder Sternschnuppenschwarm genannt). Sternschnuppen- oder Meteorströme können entstehen, wenn die Erde auf ihrer Kreisbahn in die Nähe einer Kometenbahn gelangt. In der Nähe der Sonne verlieren Kometen ständig einen Teil ihrer Masse in Form von Gas und Staub (die zeigen sich dann als der berühmte Kometenschweif) und Gesteinsstücken, die man Meteoroide nennt. Sie verteilen sich im Laufe der Jahrtausende über die gesamte Bahn des Kometen, weshalb ein Meteorstrom meist jährlich an der gleichen Stelle zu sehen ist, nämlich da, wo die Erde den Bereich dieser Materiewolke durchfliegt (genaue Daten kannst du im Internet finden, zum Beispiel bei

Wikipedia). Die meisten Sternschnuppen sind am frühen Morgenhimmel im Osten zu sehen, weil sich der Beobachter ihnen dann infolge der Erdrotation „entgegendreht".

Polarlicht: Das Polarlicht (auch *Aurora borealis = Nordlicht* bzw. *Aurora australis = Südlicht*) ist eine Leuchterscheinung (eigentlich ein Elektrometeor), die beim Auftreffen geladener Teilchen des Sonnenwindes auf die Erdatmosphäre an den Polen der Erde hervorgerufen wird. Such im Internet nach Fotos und Videos davon – und ich wette mit dir, dass du dann alles daransetzen wirst, so etwas mal live zu sehen!

Meeresleuchten: In einigen wenigen, schwülwarmen Nächten im Jahr, meist im Juli und August, fangen das Meer und der Strand in der Brandungszone der Wellen plötzlich an, bläulich grün zu schimmern. Übrigens auch bei uns in Deutschland an der Nord- oder Ostsee! Tatsächlich leuchtet aber nicht das Meerwasser selbst, sondern die Kleinstlebewesen im Wasser senden nach Berührungsreizen Lichtsignale aus. Dass das Leuchten durch Berührungsreize ausgelöst wird, lässt sich am Strand schön beobachten: Wenn in der Brandung Meeresleuchten zu sehen ist, kann man dieses auch im Sand hervorrufen, indem man mit den Händen oder Füßen darüberstreicht. Die Organismen, die man dabei berührt, werden als kleine leuchtende Punkte sichtbar.

Mittsommernacht: Auch ziemlich abgefahren, wenn auch nicht ganz so spektakulär wie die ersten drei. In den nordischen Ländern (nördliches Skandinavien, Island usw.) wird es im Sommer nachts kaum bis gar nicht dunkel (dafür im Winter auch so gut wie gar nicht richtig hell, was weniger cool ist). Die sogenannte Mittsommernacht als

Höhepunkt dieser Zeit wird in diesen Ländern traditionell groß gefeiert. Es ist ein völlig verrücktes Gefühl, nachts um zwei im Sonnenschein auf einem Berg zu stehen – unbedingt in die Lebensplanung mit einbeziehen!

Andere erlebenswerte Phänomene sind auch: Fata Morgana, Froschregen, Tornado, aktiver Vulkan, Sonnenfinsternis, Wetterleuchten, Elmsfeuer.

Karo

Filmtipps

- Magnolia (Froschregen)
- Zathura – Ein Abenteuer im Weltraum (Meteoritenschauer)
- Die Mumie 1 (Fata Morgana)

Bibelvers

„Der Himmel verkündet es: Gott ist groß! Das Heer der Sterne bezeugt seine Schöpfermacht. Ein Tag sagt es dem andern, jede Nacht ruft es der nächsten zu. Kein Wort wird gesprochen, kein Laut ist zu hören, und doch geht ihr Ruf weit über die Erde bis hin zu ihren äußersten Grenzen." (Psalm 19,2–5; GN)

Abenteuer

10 Galoppier auf einem Pferd

Wenn der coole Westernheld auf seinem treuen vierbeinigen Gefährten in den Sonnenuntergang reitet, hat das ja was, oder? Noch vor hundert Jahren war es vollkommen selbstverständlich, sich mit nur einer Pferdestärke durch die Gegend zu bewegen – im Sattel oder in der Kutsche. Heutzutage ist das nicht mehr nötig. Und trotzdem schwingen sich allein in Deutschland täglich Millionen von Menschen in den Sattel und würden den Satz „Das Glück der Erde liegt auf dem Rücken der Pferde“ sofort unterschreiben.

Denn es ist auch etwas total Faszinierendes, sich von so einem großen, starken und gleichzeitig sanftmütigen Tier tragen zu lassen und das Gefühl zu haben, mit ihm eins zu werden. Und es ist einfach genial, auf einem Pferd zu sitzen, das im vollen Galopp dahinrast. Da ist dann wirklich nur noch Fliegen schöner.

Leider bedarf es dazu einiger Vorbereitung, denn Reiten ist (wie so vieles) viel schwieriger, als es aussieht ... aber es lohnt sich!

Falls du nicht sowieso schon reiten kannst oder ein Familienmitglied oder eine Freundin mit Pferd hast, die dir die Grundlagen des Reitens beibringen könnten, kannst du dich ja mal in einer Reitschule in deiner Gegend erkundigen, was eine Zehnerkarte kostet. Um sich sicher auf einem Pferd halten zu können und Tempo und Richtung zu bestimmen, braucht man je nach Talent und Körperbeherrschung (und auch abhängig von der Qualität des Reitunterrichts) so etwa 30 bis 50 Reitstunden. Es gibt auch Reitschulen, die 10-Tage-Grundkurse anbieten, nach denen man die Grundlagen des Reitens so ungefähr beherrscht (z. B. hier: http://www.fs-reitzentrum.de).

Vielleicht reicht dir dann schon das Erlebnis des ersten Galopps in der Reithalle. Oder aber du nimmst an einem geführten Ausritt teil. Aber bitte versuch nicht, einfach irgendwo ein Pferd zu mieten oder zu leihen. Das ist viel zu gefährlich – Pferde sind nun mal keine Fahrräder, sondern lebendige und mit um die 600 Kilo auch ganz schön gewaltige Tiere. Außerdem sind sie Fluchttiere – das heißt, wenn sie vor etwas Angst haben, hauen sie schnellstens ab, und dabei erreichen sie gut und gern 70 Stundenkilometer. Da bremst sie dann auch keine Autobahn. Deshalb bitte immer nur in Begleitung erfahrener Reiter und auf zuverlässigen Pferden losziehen.

So ziemlich das höchste der Gefühle ist wohl ein Galopp am Strand oder durch die Wüste. Vielleicht kannst du dir das ja mal in einem Urlaub ermöglichen. Aber bitte erst nach gründlicher Vorbereitung – dir selbst und dem Pferd zuliebe!

Karo

Filmtipps

- Der Pferdeflüsterer
- City Slickers
- Der schwarze Hengst

Bibelvers

„Gabst du dem Pferd die viel gerühmte Stärke und schmücktest seinen Hals mit einer Mähne? Lässt du es Sprünge machen wie ein Heuschreck? […] Mit dröhnendem Galopp fliegt es dahin.“ (Hiob 39,19–20.24)

Persönlichkeit

11 Wandle auf den Pfaden eines Vorfahren

Woher kommen eigentlich deine Eltern und deine Großeltern? Das herauszufinden und vielleicht einmal dort hinzureisen kann eine wirklich spannende Sache sein! Irgendwann hat mein Bruder mal mitbekommen, dass in einem kleinen Ort im Osten unserer Republik die Hälfte der Einwohner unseren (ziemlich seltenen) Nachnamen trägt und unsere Familie wohl ursprünglich dort herkam. Wir sind dann mit drei Generationen dort hingefahren und haben in den Kirchenbüchern nach unseren Vorfahren gesucht und über Grabsteine gestaunt, auf denen Leute genauso hießen wie wir.

Wenn du einen etwas ungewöhnlichen Nachnamen hast, kann es schon äußerst spannend sein herauszufinden, woher dieser Name kommt und was er genau bedeutet (das nennt man übrigens Onomastik). Noch spannender wird's, wenn du richtige Ahnenforschung (Genealogie) betreibst und in deiner Ahnenreihe auf berühmte, berüchtigte oder einfach nur interessante Leute stößt und vielleicht sogar deren Geschichte nachvollziehen kannst. Stell dir vor, einer deiner Vorfahren war ein großartiger Musiker, hat irgendwelche Heldentaten vollbracht oder war gar von Adel – und sein Blut fließt auch in deinen Adern! Vielleicht hat jemand aus deiner Familie am Bau einer Kathedrale mitgewirkt oder ist sonst irgendwie in der Geschichte in Erscheinung getreten!

Das Internet macht vieles möglich. Einfach mal bei Google „Ahnenforschung“ eingeben, und schon hast du die Wahl unter zig Internetseiten, die dir die Herkunft deines Namens verraten und/oder dir helfen, deine Vorfahren zu finden. (Aber Vorsicht, oft ist die Anmeldung mit Kosten verbunden, also genau das Kleingedruckte lesen!)

Am besten fragst du deine Eltern/Großeltern nach den ältesten bekannten Vorfahren deiner Familie. Damit hast du dann schon mal einen guten Ansatzpunkt für weitere Nachforschungen. Vielleicht gibt es sogar schon so etwas wie einen Familienstammbaum – wenn nicht, kannst du ja mit deinen Erkenntnissen einen anlegen. Oder aber du blätterst mal in alten Fotoalben von deinen Großeltern und lässt dir erklären, wer all die darauf abgelichteten Personen sind und wie sie mit dir verwandt sind.

Und noch etwas zum Nachdenken: Wie werden *deine* Nachfahren später etwas über dich in Erfahrung bringen können? Und was möchtest du deiner Nachwelt hinterlassen?

Karo

Filmtipps

- Die Besucher
- (T)Raumschiff Surprise – Periode 1
- Zurück in die Zukunft I–III

Bibelvers

„Da sagte der Herr zu Jakob: ‚Kehre in das Land deiner Vorfahren und zu deinen Verwandten zurück! Ich werde dir beistehen.'" (1. Mose 31,3)

12 Mach eine Probefahrt mit einem Sportwagen

Hast du die wilden Diskussionen über die Einführung einer Geschwindigkeitsbegrenzung auf deutschen Autobahnen mitverfolgt? Die deutschen Autobahnen gehören ja zu den wenigen Straßen auf dieser Welt, auf denen man so schnell fahren darf, wie man will und kann (außer natürlich, es ist ein spezielles Tempolimit angegeben). Und wehe, ein Politiker kommt auf die Idee, zum Schutze der Umwelt ein Tempolimit vorzuschlagen!

Das Auto ist eben nach wie vor des Deutschen liebstes Kind. Und geben wir's doch zu – das hat auch einen guten Grund. Wie sang doch einst Markus im Rahmen der Neuen Deutschen Welle: „Ich will Spaß, ich geb Gas!" Ist ja auch so: Schnelle Autos mit vielen PS sind was Tolles! Jeder hat seinen ganz persönlichen Traumwagen – es gibt sogar Leute, die sich schon Gedanken darüber gemacht haben, was für ein Wagen wohl Jesus gefallen würde ... Janis Joplin bat Gott nämlich in einem ihrer berühmtesten Songs um einen Mercedes Benz, und Marc Cohn ist der Meinung, dass Gott ganz sicher einen Silver Thunderbird fahren würde.

Nun ja, vermutlich gibt's auch für dich einen absoluten Traumwagen und vermutlich ist es einer mit richtig Power unter der Haube. Wenn du den Führerschein besitzt und vielleicht nicht mehr in der Probezeit bist, kannst du ja mal bei ein paar Händlern nachfragen, ob du eine Probefahrt mit einem ihrer Schlitten machen kannst.

Aber Obacht! Verständlicherweise sind die meisten

Oberklassewagen-Händler ziemlich zögerlich damit, ein Auto, das Zigtausende von Euro kostet, an irgendeinen dahergelaufenen Teenie rauszurücken. Deshalb ist es schlau, zu einem solchen Termin so geschniegelt und gebügelt wie möglich aufzulaufen – „seriös“ wirken ist das Stichwort! Klug ist es sicher auch, deinen Papa mitzunehmen (der ist dieser Erfahrung sicher auch nicht abgeneigt), oder schieb ihn gleich als denjenigen vor, der die Probefahrt machen will. Am besten fährst du auch nicht gerade in einem abgeschrubbten Golf II oder einem verbeulten Mazda 323 vor, sondern ... siehe oben (Papa)! Dann stehen die Chancen ganz gut, dass du tatsächlich deinen Traumwagen Probe fahren darfst.

Ungeeigneter als Al Pacino in dem Film „Der Duft der Frauen“ kannst du wohl nicht sein – in diesem Streifen spielt er einen alternden Armeeleutnant, der es noch einmal so richtig krachen lassen will und dazu mit seinem jungen Helfer nach New York reist, wo er unter anderem einen Ferrari Probe fährt. Kleines Problemchen dabei: Der Leutnant ist blind ...

Nicole

Filmtipps

- Michel Vaillant
- Der Duft der Frauen
- The Fast and the Furious
- CARS

Bibelvers

„Und sie sündigten in einem ~~Ford~~ fort.“ (nach Hosea 13,2)

13 Lern ein Instrument

Musik macht klug, fördert Konzentration und Leistungsfähigkeit, Kreativität und soziale Intelligenz. Das Gedächtnis verbessert sich, das Gehirn kann neue Verknüpfungen herstellen. Durch Musik wird die Persönlichkeitsentwicklung unterstützt und das Selbstwertgefühl gestärkt. Außerdem werden die Fein- und Grobmotorik, der sprachliche Ausdruck und das bewusste Wahrnehmen der eigenen Person und der Umwelt gefördert. Was will man mehr?!

All das passiert allerdings nicht einfach, indem man Musik hört (auch wenn das ein guter Anfang ist), sondern indem man selbst Musik *macht* – sprich: entweder ein Instrument spielt oder singt. Deshalb solltest du unbedingt etwas in dieser Richtung unternehmen.

Klavier oder Geige spielen zu lernen ist toll, kostet aber ziemlich viel Geld. Wenn dir das nicht möglich ist oder du noch nicht sicher bist, welches Instrument für dich das richtige ist, könntest du mal in der örtlichen Musikschule nachfragen, ob du dort ein bisschen herumprobieren kannst. Oder du sprichst mal die Musiklehrer deiner Schule an. Es gibt jede Menge total verschiedener Instrumente, für die man auch ganz unterschiedliche Begabungen braucht. Von der Piccoloflöte bis zum Schlagzeug ist alles drin. Für das eine braucht man sehr viel Sensibilität und Fingerspitzengefühl, für das andere vor allem Rhythmus und für wieder ein anderes Instrument andere Fertigkeiten. Und die eigene Stimme hat natürlich jeder kostenlos zur Verfügung.

Auch wenn du dich für völlig unmusikalisch hältst, ist das kein Hinderungsgrund. Im Gegenteil: Gerade dann solltest du dir unbedingt Grundkenntnisse in der Musik aneignen, weil man die Bereiche der eigenen Persönlichkeit, in denen man nicht so viel Naturtalent besitzt, erst recht beackern sollte, um sich möglichst weit zu entfalten. Außerdem ist hier – wie überall – das Talent nicht alles, sondern nur ein kleiner Teil – der Rest besteht aus kontinuierlichem Üben. Es geht ja nicht darum, dass du die nächste Vanessa Mae wirst, sondern um deine persönliche Weiterentwicklung und eine gewisse Beherrschung des Instruments. Und wer weiß, vielleicht entdeckst du ja, dass du eine wirkliche Begabung hast!

Karo

Filmtipps

- Die Legende vom Ozeanpianisten
- Corellis Mandoline
- Der Pianist
- Backbeat

Bibelvers

„Lobt Gott mit Hörnerschall, lobt ihn mit Harfen und Lauten! Lobt Gott mit Trommeln und Freudentanz, mit Flöten und mit Saitenspiel! Lobt Gott mit klingenden Zimbeln, lobt ihn mit schallenden Becken!“ (Psalm 150,3–5; GN)

Sonstiges

14 Schrei so laut, wie es geht

Während ich diesen Eintrag verfasse, ertönt gerade „Big girls don't cry“ von Fergie von den „Black Eyed Peas“ aus dem Radio. „Große Mädchen (oder Jungs) weinen nicht“, sagt man uns ab einem bestimmten Zeitpunkt in unserem Leben. Doch das bedeutet noch lange nicht, dass man keinen Grund mehr hat zu weinen. Aber wenn man Kindern lange genug signalisiert, dass es nicht erwünscht ist, offen und ehrlich auszusprechen, wie es in ihnen aussieht, verlernen sie es unter Umständen ganz. Und vielleicht staut sich dann auch einmal die Wut in ihnen an, dass sie irgendwann aus ihnen hervorbricht und die anderen gar nicht wissen, wie ihnen geschieht.

Warum nicht authentisch leben? Damit ist einfach nur gemeint, dass wir ehrlich sein sollen, damit unser Innenleben und unser Außenleben übereinstimmen und wir uns nicht verbiegen müssen, um „so zu tun, als ob ...“. Und da kann es eben auch ganz heilsam sein, einfach einmal in den Wald zu gehen und laut zu schreien. Dein Freund hat dich verlassen und du würdest ihm gerne den Kopf abreißen oder zumindest irgendwas gegen die Wand werfen? Deine beste Freundin hat ein Geheimnis weitererzählt, das du ihr unter dem Siegel der Verschwiegenheit anvertraut hast? Du wolltest unbedingt die Linksaußen-Position in der Fußballmannschaft, aber leider gibt es da jemanden, der besser spielt als du? Dann ab ins Gehölz mit dir! Lass es raus! Das tut echt gut!

Gott hat uns auch gar nicht zu einem „leisen“ Leben erschaffen. Er möchte keine Ja-Sager oder Leute, die nie ehrlich sagen, wie es in ihnen aussieht, sondern Menschen mit Ecken und Kanten. Lies mal die sogenannten „Klagepsalmen“ (z. B. die Psalmen 3 oder 77). Da wird nicht dezent gejammert oder rational diskutiert, sondern laut zum Himmel geschrien – total unsachlich und unbeherrscht. Und offenbar macht Gott das gar nichts aus, sondern er findet es gut, wenn wir ehrlich sagen, was wir denken und fühlen. Und er kann es auch verkraften, wenn wir ihn mal anschreien.

Und nur mal so nebenbei bemerkt: Du musst nicht erst *wütend* sein, um laut schreien zu können. Es kann auch unheimlich befreiend sein, wenn du deiner Freude mal lautstark Ausdruck verleihst.

Nicole

Filmtipps

- Zimmer mit Aussicht
- Wie im Himmel
- Die Brücke nach Terabithia
- Der Zauberer von Oz
- Babettes Fest

Bibelvers

„Jubelt dem Herrn zu, ihr Menschen auf der Erde! Preist ihn mit Liedern, singt und jubelt laut vor Freude!“ (Psalm 98,4; Hfa)

15 Lern dein Idol persönlich kennen

Damals, vor vielen Jahren ... Ich war jung und verliebt ... dummerweise in den Sänger einer nicht ganz unbekannten Band, für mich vollkommen unerreichbar. Was sollte ich schon machen? Ihm einen Brief an seine Plattenfirma schreiben? Das würde ich mich niemals trauen! Und wenn ja, was sollte drinstehen? „Ich find dich gut, ey?" Ging ja gar nicht!

Doch dann hatte ich plötzlich eine Idee, was ich ihm schreiben könnte, ohne dass es peinlich war. Also schrieb ich drauflos, adressierte den Brief und schickte ihn ab (mangels Adresse tatsächlich an die Plattenfirma). In dem Moment, als das Ding im Briefkastenschlitz verschwand, hatte ich ein ganz eigenartiges Gefühl im Bauch. Eine Mischung aus Angst, Stolz, Aufregung und Nervenkitzel. Ich fragte mich: *Hast du das jetzt tatsächlich gemacht?!*

Als ein paar Tage später das Telefon klingelte und „er" leibhaftig dran war, verstand ich zum ersten Mal, wie es möglich ist, dass Leute vor Schreck in Ohnmacht fallen! Diesem stundenlangen Telefonat folgten viele, viele weitere. Schließlich wurde daraus zwar nicht die große Liebe, aber eine außergewöhnliche, intensive Freundschaft, die mich und ihn nachhaltig (positiv!) verändert hat und heute noch besteht. (Meinen Brief von damals hat er übrigens immer noch ☺).

Was ich mit alledem sagen will: Wenn ein mehr oder weniger berühmter Mensch dich nachhaltig fasziniert (und nicht gerade schon seit 30 Jahren tot ist wie mein heimliches Idol Elvis), dann überleg dir doch mal gründlich, *warum* dieser Mensch so eine Anziehungskraft für dich hat. Wenn es einfach nur das Aussehen ist – vergiss es. Hat er/sie irgendwelche besonderen Fähigkeiten, Eigenschaften oder einfach eine gewisse Ausstrahlung, die dich fesselt? Warum versuchst du dann nicht, diese Person mal live und in Farbe kennenzulernen?

Bei manchen Leuten, die unerreichbar scheinen, kann man sich sehr positiv täuschen – manche sind gar nicht so unnahbar, wenn man den richtigen „Zugangsweg" findet. Und was kann schon passieren, außer dass eben nichts passiert oder dass bei deinem Idol heftig der Lack zu blättern beginnt, weil er/sie in echt längst nicht so faszinierend oder toll ist, wie du gedacht hast? Dann ist es gerade gut, dass du nicht länger zu der Person aufsiehst. Und vielleicht versteht ihr euch bestens und du hast ein unvergessliches Erlebnis – und kommst dem Geheimnis auf die Spur, warum diese Person so ist, wie sie ist.

Also überleg dir eine coole Möglichkeit, an dein Idol ranzukommen, und dann trau dich!

Karo

Filmtipps

- Hitch – der Date-Doktor
- Notting Hill

Bibelvers

„Ich bin der Herr, dein Gott! Ich habe dich aus Ägypten herausgeführt, ich habe dich aus der Sklaverei befreit. [...] *Du sollst keine anderen Götter neben mir haben."*
(2. Mose 20,2–3)

Reisen

16 Wirf einen Dartpfeil auf eine Landkarte und reise dorthin, wo er landet

2006 haben zwei Bayern etwas ziemlich Ungewöhnliches gemacht: Sie sind durch ihre Heimat gewandert – aber nicht mithilfe von Wanderkarten oder einem Kompass. Sie sind einfach zu Hause losgelaufen, und jedes Mal, wenn sie an eine Kreuzung kamen, haben sie nach Stimmung, Aussicht oder Beschaffenheit des Weges entschieden, in welche Richtung sie weitergehen wollten. Wenn sie sich nicht einigen konnten, ließen sie den Würfel entscheiden. Bei einer Eins oder Zwei gingen sie nach rechts, bei einer Drei oder Vier nach links, bei einer Fünf oder Sechs geradeaus.

Wenn du keine Lust hast, deine Heimat auf diese Weise zu erforschen, weil es dich in die weite Welt treibt, dann haben wir einen anderen ungewöhnlichen Vorschlag: Häng eine Karte an die Wand – je nach deinen zeitlichen und finanziellen Möglichkeiten eine von deinem Bundesland, von Deutschland, Europa oder der Welt – und wirf mit verbundenen Augen einen Dartpfeil darauf. Und dann reise an den Ort, den der Dartpfeil getroffen hat.

Ich kann mich noch an eine Fernsehsendung erinnern, bei der eine Moderatorin genau das tat (mit einer Deutschlandkarte) und dann in die betreffende Stadt oder das Dorf reiste, um die ganz besonderen Lebensgeschichten der Menschen an genau diesem Ort zu entdecken. Ein total spannendes Thema.

Wenn es dich ins Ausland – nach Europa oder noch weiter – treibt, kann dieses Unterfangen ganz schön herausfordernd werden. Unter Umständen führt dich deine Reise nämlich nach Kamtschatka, eine russische Halbinsel ganz im Osten des riesigen Landes, die ich nur deshalb kenne, weil sie eines der zu erobernden Gebiete beim Brettspiel „Risiko“ ist. Oder dein Weg führt dich nach Alaska und du musst erst einmal einen Zwischenstopp im örtlichen „Jack Wolfskin“-Shop einlegen, um Klamotten zu kaufen, die Temperaturen bis zu minus 30 Grad aushalten.

Aber weil du's bist, gewähren wir dir einen Ersatzwurf, wenn der Ort, den dein Pfeil trifft, mitten im Meer liegt. Ein LOST-Erlebnis wollen wir dir ja nicht unbedingt bescheren. ☺

Karo

Filmtipps

- Elizabethtown
- Im Juli

Bibelvers

„Wohin kann ich gehen, um dir zu entrinnen, wohin fliehen, damit du mich nicht siehst? Steige ich hinauf in den Himmel – du bist da. Verstecke ich mich in der Totenwelt – dort bist du auch. Fliege ich dorthin, wo die Sonne aufgeht, oder zum Ende des Meeres, wo sie versinkt: auch dort wird deine Hand nach mir greifen, auch dort lässt du mich nicht los.“ (Psalm 139,7–10; GN)

17

Geistliches

Ruf bei einem Radiosender an, wünsch dir einen frommen Song und widme ihn Gott

Wenn du häufig Radio hörst, kennst du bestimmt die Sendungen, bei denen man sich per Anruf oder Mail einen Song wünschen kann. Dazu kann man dann dem/der Liebsten, der Family oder den Arbeitskollegen noch eine kleine Botschaft senden, die dann der Radiosprecher vorliest.

Warum nicht mal eine Message an Gott senden? Du kannst ja dazuschreiben, warum dieses Lied dir so wichtig ist. Wenn du ganz mutig bist, rufst du bei dem Sender an und schickst deine Botschaft gleich live durch den Äther. Allerdings ist das der Augenblick, in dem du auf „Highway to Hell" oder ähnliche Songs lieber verzichten solltest ☺. Such dir einfach dein Lieblingslied aus und los geht's!

„Ein neues Lied hat er mir in den Mund gelegt, mit dem ich ihn preisen kann, ihn, unseren Gott. Viele sollen es hören und sehen; dann nehmen sie den Herrn wieder ernst und schenken ihm ihr Vertrauen." (Psalm 40,4; GN)

Das hat David schon vor Tausenden von Jahren geschrieben. David war überhaupt jemand, der gerne und viele Lieder über Gott verfasst hat. Und dem es offenbar ziemlich gleichgültig war, was die anderen davon hielten. In 1. Chronik 13 kannst du mehr darüber nachlesen, wie weit er ging, denn – so viel sei verraten – singen alleine war ihm irgendwann nicht mehr genug.

In der heutigen Zeit ist es ja eher „in", Richard Dawkins' Machwerk „Der Gotteswahn" zu lesen und diesem Vorzeige-Atheisten zuzustimmen, der behauptet, dass die Wissenschaft längst bewiesen habe, dass Gott nicht existiert, sondern nur eine Fantasiegestalt ist, derer man sich bedient, wenn man das Leben nicht auf die Reihe kriegt.

Nö – wir sehen das anders, und das darf auch ruhig die ganze Radiowelt wissen! Wenn du auf den Websites der Radiosender vorbeisurfst, findest du leicht die Kontaktadressen und Telefonnummern solcher „Wunschshows": www.youfm.de; www.hr3.de; www.br-online.de; www.dasding.de und viele andere.

Karo

Filmtipps

- Lügen haben lange Beine
- The Accidental Husband

Bibelvers

„Doch ich verlasse mich auf deine Liebe, ich juble über deine Hilfe. Mit meinem Lied will ich dir danken, Herr, weil du so gut zu mir gewesen bist." (Psalm 13,6; GN)

Sonstiges

18 Vergrabe eine Zeitkapsel mit deinen Wünschen fürs Leben

Vielleicht hat dir schon mal jemand die folgende Frage gestellt: „Wenn du ein Jahr auf einer einsamen Insel leben müsstest, welche drei Dinge würdest du mitnehmen?“ Und an dieser Stelle sind dann nicht der Riesenkanister mit Wasser, die Internetverbindung oder die Jahresration Schokoriegel gemeint.

Oder um die Frage etwas anders zu formulieren: „Welche drei Dinge würdest du aus deiner brennenden Wohnung retten?“ Deine Stereoanlage? Den PC? Oder die Bilder von deiner Familie, deine Lieblings-CDs, -Bücher oder -Filme? Das Kuscheltier, das dir dein Freund/deine Freundin geschenkt hat, oder das witzige T-Shirt, das du dir während des letzten Urlaubs gekauft hast?

Doch sind das wirklich Dinge, ohne die du nicht leben kannst? Wie wäre es, wenn du mal ein Experiment machst: Nimm dir einen großen Plastikcontainer oder eine Metallbox und lege einige der Dinge hinein, die dir besonders viel bedeuten. Wenn du dich nicht von deinem Lieblingsfilm oder dem neuen PC-Game trennen kannst, dann fertige doch einfach eine Kopie des Umschlags an und lege diesen in die Kiste. Du könntest auch noch einen Brief an dich selbst verfassen, in dem du dir Gedanken über die Dinge machst, die dir derzeit wichtig sind, ohne die du vermeintlich nicht leben kannst – oder über Dinge, die du dir für die Zukunft wünschst und erhoffst.

Und dann: vergraben oder zumindest auf dem Dachboden verstauen und mindestens ein Jahr lang nicht mehr hervorholen! Am besten wäre es, wenn du noch länger nicht reinguckst, denn dann wird die Überraschung umso größer sein: *„Was? Solche Klamotten haben mir mal gefallen?“* oder: *„Wie konnte ich bloß so an diesem dämlichen Film hängen?“*

Es dürfte vor allem dann interessant werden, wenn du Bilder von Familienmitgliedern oder Freunden in deine Box gelegt hast: Bist du immer noch mit Kevin zusammen? Immer noch dick mit Susanne befreundet? Falls nicht: Warum sind diese Freundschaften zerbrochen? Oder warum sind diese Menschen immer noch Teil deines Lebens? Was habt ihr gemeinsam durchgemacht?

Und was ist mit dem Brief, den du damals an dich geschrieben hast: Haben sich deine Träume und Wünsche erfüllt? Wurden sie von der Realität erstickt, oder solltest du deinen nächsten Urlaub nutzen, um doch noch einige Träume Wirklichkeit werden zu lassen? Was für eine Art Mensch warst du damals und wie hast du dich weiterentwickelt? Bist du stolz darauf?

Nicole

Filmtipps

- Das Geheimnis eines Sommers
- Damals und heute

Bibelvers

„Doch die Güte Gottes bleibt für immer bestehen; bis in die fernste Zukunft gilt sie denen, die ihn ehren. Er hält auch noch zu ihren Kindern und Enkeln.“ (Psalm 103,17; GN)

Sonstiges

19 Leg einem Obdachlosen richtig viel Kohle in den Teller

Warum speist man eigentlich Bedürftige immer mit einem verschämten Lächeln oder bestenfalls mit Cent-Beträgen ab? Wie wäre es, wenn du einem Bettler einmal einen richtig großen Schein zustecken würdest – so viel, dass es dir richtig wehtut ... vielleicht einen Fünfziger?

Guck dir dazu am besten jemanden aus, der zumindest nicht sofort den Eindruck erweckt, dass er das Geld direkt in Drogen oder Alkohol umsetzen wird. Du kannst dieses Problem auch umgehen, indem du „Naturalien" kaufst und diese dem Betroffenen schenkst. Zum Beispiel eine Pizza, eine warme Decke, eine Flasche Multivitaminsaft und etwas Süßes ... Besonders gut ist das bei Personen, die Kinder dabeihaben und diese als „Druckmittel" benutzen. So kannst du ziemlich sicher sein, dass das Kind auch wirklich etwas von deiner Spende hat.

Du könntest auch deine Berührungsängste verdrängen und mit dem Betreffenden gemeinsam einkaufen gehen. Auch wenn er nicht sehr repräsentativ aussieht oder riecht. Dann kann er dir auch mitteilen, was wirklich gebraucht wird. Und wer weiß, vielleicht kommt ihr ja dabei ins Gespräch ...

Der Pastor und Kleinkünstler Arno Backhaus (www.arno-backhaus.de), der vor allem durch seine verrückten Straßenaktionen bekannt geworden ist, hatte da mal eine wirklich skurrile Idee: Er setzte sich wie ein Bettler an einen Platz, an dem viele Menschen an ihm vorüber kamen. Vor ihm stand ein Teller mit Geldstücken und um seinen

Hals hing ein Schild mit der Aufschrift: „Ich bin reich beschenkt. Nehmen Sie sich was heraus!"

Der Kelsterbacher Pastor Klaus Schönberg hat das auch ausprobiert und schildert in seinem Buch „Endlich ankommen" seine Erfahrungen: „Die Reaktionen der Menschen rangierten irgendwo zwischen Humor, Überraschung und Skepsis (Was ist in der heutigen Zeit schon umsonst?!)."[1]

Doch dann setzte sich ein drogensüchtiger junger Mann zu ihm und begann, die Silbermünzen aus dem Teller zu klauben, um sie in Drogen umzusetzen:

„Damals bekam ich eine erste Ahnung davon, wie sehr es Gott den Vater schmerzt, wenn seine Kinder sein Erbe verschleudern und wenn sie nichts mehr mit ihm zu tun haben wollen und ihn einfach ignorieren. Gottes Schmerz darüber muss ungeheuer groß sein. Aber er hindert sie nicht daran, es zu tun. Er respektiert die Freiheit seiner Kinder selbst dann, wenn sie mit dieser Freiheit nicht umgehen können. Aus diesem Grund sind auch so viele Menschen fern vom Haus des Vaters. Eigentlich sollte dies der Ort sein, an dem wir zu Hause sind. Leider können wir uns nur noch schemenhaft daran erinnern, und das hat seinen Grund."[2]

Karo

Filmtipp

- König der Fischer

Bibelvers

„Es wird immer Arme in eurem Land geben. Deshalb befehle ich euch: Helft den Menschen großzügig, die in Armut und Not geraten sind!" (5. Mose 15,11)

---

[1] Klaus Schönberg: Endlich ankommen. Asslar: Gerth Medien, 2007. S. 20

[2] Ebd.

Natur

20 Steig auf einen Berg

In meiner Kindheit ging es in den Sommerferien immer mit der ganzen Familie in die österreichischen Berge. Berge sind eine ganz tolle Erfindung – man kann von oben weit hinunter ins Tal schauen, hat einen tollen Rundblick und erspäht auch hin und wieder so „exotische" Tiere wie Gämsen oder Murmeltiere.

Wenn Berge bloß nicht so hoch wären.

Das ist wahrscheinlich auch der Grund, weshalb ich – seit ich nicht mehr mit meinen Eltern in Urlaub fahre – lieber ans Meer reise oder in Länder, die etwas flacher sind. Ich kann mich noch lebhaft an eine Schulfreizeit in Berchtesgaden erinnern, wo ich kurz vor einer Krise stand, weil unser Lehrer das Bedürfnis hatte, uns gleich über zwei Berge zu jagen. Und um *ganz* ehrlich zu sein: Ich hasse Berge, wenn ich zu Fuß da raufmuss.

Doch was zieht Jahr für Jahr Tausende von Menschen auf die höchsten Berge? Warum sind Menschen bereit, dafür sogar ihr Leben aufs Spiel zu setzen (am höchsten Berg der Welt, dem Mount Everest, sind seit den 1920er Jahren bereits über 200 Menschen ums Leben gekommen!)? Weil es zweifellos unbeschreiblich herausfordernd ist, der Natur – in Form des Berges – zu trotzen, um dann von ihr mit unendlicher Schönheit und dem Gefühl, dass man es geschafft hat, belohnt zu werden.

Schon in der Bibel können wir immer wieder davon lesen, dass Menschen auf Berge stiegen, um Gott in dieser Abgeschiedenheit näher zu sein und ihn anzubeten.

Wenn du die höchsten Berge besuchen möchtest, bietet sich für dich in Deutschland die Zugspitze an, in Österreich der Großglockner und in der Schweiz die Dufourspitze bzw. der Dom.

Doch nicht vergessen: Man darf so einen Berg niemals unterschätzen! Und man sollte auch niemals einen Berg unvorbereitet, leichtsinnig und ohne ausreichend Kondition besteigen, auch wenn dieser noch so niedrig ist! Daher bietet sich für Ungeübte an vielen Bergen auch die Seilbahn an.

Nicole

Filmtipps

- Vertical Limit
- Sturz ins Leere
- K2

Bibelvers

„Gott antwortete: ‚Ich werde dir beistehen. Und das ist das Zeichen, an dem du erkennst, dass ich dich beauftragt habe: Wenn du das Volk aus Ägypten herausgeführt hast, werdet ihr mir an diesem Berg Opfer darbringen und mich anbeten.'" (2. Mose 3,12; GN)

21 Unterstütze ein Patenkind

Wenn man Fernsehberichte über das unendliche Leid in der Dritten Welt sieht, könnte man verzweifeln, weil jede Hilfe nur ein Tropfen auf dem berühmten heißen Stein zu sein scheint. Aber du kannst in Form einer Patenschaft ganz konkret etwas tun, um *einem* bestimmten Menschen in einem Entwicklungsland eine reelle Chance zu geben, dass er ein besseres Leben führen kann.

Es gibt viele Hilfsorganisationen, die in der Dritten Welt eine großartige Arbeit leisten, indem sie Kinderdörfer, Kinderheime, Schulen, Tagesstätten, Armenküchen und ... und ... und ... ins Leben rufen und betreiben. Dort erhalten Kinder, die sonst verhungern, verelenden oder in die Kriminalität abrutschen würden, ein Zuhause, regelmäßige Mahlzeiten und eine gute Schuldbildung, was es ihnen wiederum ermöglicht, später einen einigermaßen gut bezahlten Job zu finden.

Es kostet meist gar nicht viel Geld, einem Kind eine solche Chance zu bieten – meist geht es um Beträge um die 30 Euro monatlich. Schockierend wenig, oder? Wenn man bedenkt, dass bei uns Kinobesuche etwa 10 Euro kosten, eine neue CD 17,95 oder ein Game für die Xbox fast 60 Euro!

Vielleicht kannst du diesen Betrag ja selbst aufbringen, indem du ein, zwei Stunden in der Woche für einen kleinen Job opferst (was dich nicht umbringen wird, für dieses Kind aber vielleicht den Unterschied zwischen Leben und Tod bedeutet!). Oder du fragst deine Eltern, Oma, Geschwister, Freunde, Klassenkameraden oder Sportkumpel, ob ihr gemeinsam eine Patenschaft für ein Kind in der Dritten Welt übernehmen wollt.

Bei den meisten Organisationen ist es üblich, dass man sich dann gelegentlich mal schreibt, um sich etwas kennenzulernen und zu erfahren, wie es so läuft. Eventuell kannst du „dein" Patenkind sogar irgendwann mal in seiner Heimat besuchen.

Hier ein paar renommierte Hilfsorganisationen, bei denen du davon ausgehen kannst, dass dein Geld auch wirklich dort ankommt, wo es hin soll:

- www.kindernothilfe.de
- www.sos.kinderdorf.de
- www.ora-international.de
- www.misereor.de
- www.EBM-Masa.org
- www.worldvision.de

Karo

Filmtipps

- About Schmidt
- Hotel Ruanda

Bibelvers

„Denn ich war hungrig und ihr habt mir zu essen gegeben; ich war durstig und ihr habt mir zu trinken gegeben; ich war fremd und ihr habt mich bei euch aufgenommen; ich war nackt und ihr habt mir etwas anzuziehen gegeben; ich war krank und ihr habt mich versorgt. [...] Ich versichere euch: Was ihr für einen meiner geringsten Brüder oder für eine meiner geringsten Schwestern getan habt, das habt ihr für mich getan." (Matthäus 25,35–36.40; GN)

Abenteuer

22 Besuch die sieben Weltwunder

Bereits in der Antike hat man eine Liste von Bauwerken festgelegt, die damals eine besondere architektonische Leistung darstellten und daher gerne von den Menschen besucht wurden – die sogenannten „sieben Weltwunder“:

1. die Pyramiden von Gizeh (Ägypten)
2. die Zeusstatue des Phidias von Olympia (Griechenland)
3. der Tempel der Artemis (Ephesus, Türkei)
4. das Grabmal von König Mausolos II. (Halikarnassos, Türkei)
5. die hängenden Gärten der Semiramis (Babylon; Irak)
6. der Koloss von Rhodos (Griechenland)
7. der Leuchtturm auf der Insel Pharos vor Alexandria (Ägypten)

Heute existieren von diesen Weltwundern leider nur noch die Pyramiden von Gizeh, die anderen wurden durch Erdbeben oder Kriege zerstört oder zerfielen im Laufe der Zeit.

Aber auch in der heutigen Zeit erstellen Menschen immer wieder neue Listen von „Weltwundern“, zu denen – je nach Blickwinkel – architektonische Bauwerke aus Gegenwart und Vergangenheit wie der Petersdom in Rom oder die Golden Gate Bridge in San Francisco gehören, aber auch Wunder der Natur wie der Grand Canyon oder der Kilimandscharo in Afrika.

Im Juli 2007 wurde eine (nicht unumstrittene Liste) der

neuen offiziellen sieben Weltwunder veröffentlicht, die heute noch zu bewundern sind:

1. Chichén Itzá, die Maya-Ruinen auf der Halbinsel Yucatán (Mexiko)
2. die Chinesische Mauer (China)
3. die Christusstatue in Rio de Janeiro (Brasilien)
4. das Kolosseum in Rom (Italien)
5. Machu Picchu, die Ruinenstadt der Inka in den Anden (Peru)
6. die Felsenstadt Petra (Jordanien)
7. das Taj Mahal (Indien)

Nimm dir doch etwas Zeit und beschäftige dich mit den Bauwerken, Denkmälern und Naturwundern, die man heute aus den unterschiedlichsten Gründen zu den sieben Weltwundern zählt. Hast du nicht Lust, einige davon live und in Farbe zu sehen?

Nicole

Filmtipps

- In 80 Tagen um die Welt
- Die Mumie
- Indiana-Jones-Quadrologie

Bibelvers

„Wer außer Gott geht hinauf in den Himmel und kommt wieder herab? Wer hält den Wind in seiner Hand? Wer hüllt die Meere in seinen Mantel? Wer hat die ganze große Welt erschaffen? Wie lautet sein Name – und der Name seines Sohnes? Sag es mir, wenn du es weißt!“
(Sprüche 30,4; NL)

23 Verbring ein Wochenende im Kloster

Was kommt dir in den Sinn, wenn du das Wort „Kloster" hörst? Alte Frauen in schwarzen Gewändern, die, abgeschieden von der Umwelt, den ganzen Tag beten und keine Ahnung von der Realität haben? Uralte Gemäuer, kalt und karg? Sean Connery, der in „Der Name der Rose" brutalen Verbrechen auf die Spur kommt? Oder Whoopie Goldberg, die in „Sister Act" für Furore sorgt?

Der Gedanke, der hinter dem Leben als Mönch oder Nonne steht, ist gar nicht so seltsam, wie du vielleicht denkst: Die Idee ist, sich voll und ganz auf Gott konzentrieren zu können, ohne durch die 1.001 Anforderungen und Ablenkungen eines normalen Alltags durcheinandergebracht zu werden. Du kennst das ja: Selbst wenn du es geschafft hast, morgens eine gewisse Zeit mit Gott zu verbringen, wurde das Gefühl seiner Nähe spätestens auf dem Weg zur Schule oder zum Job von deinen Alltagsgedanken schon wieder aus deinem Bewusstsein verdrängt.

In einem Kloster ist das völlig anders. Dort ist der ganze Tagesablauf mit Meditationen, Gebeten und Andachten darauf ausgerichtet, sich ständig an Gott und seine Gegenwart zu erinnern, darüber nachzudenken, in ihr zu leben. Viele der Traditionen werden schon seit Hunderten von Jahren gepflegt. Dazwischen wird natürlich auch gearbeitet – der Kräutergarten will gepflegt werden, in der Küche werden die Mahlzeiten vorbereitet und vieles mehr. Aber all das passiert ohne Ablenkungen durch das Fernsehprogramm, die neueste

Herbstmode oder die Frage, wo du die Kohle für ein neues Handy herbekommst. Eigentlich gar nicht mal so dumm, oder?

Spätestens seit mit Benedikt XVI. ein Deutscher Papst geworden ist, ist Spiritualität wieder „in", und auch viele Unternehmen haben entdeckt, dass sie ihre leitenden Mitarbeiter wieder neu motivieren können, indem sie sie einmal im Jahr zu einem Coaching oder einem Persönlichkeitstraining in ein Kloster schicken.

Aber du musst kein überarbeiteter Manager sein, um ein Wochenende in einem Kloster verbringen zu können – das ist auf jeden Fall eine Erfahrung wert. Im Internet oder in christlichen Zeitschriften („Neues Leben", „Aufatmen" etc.) kannst du Adressen von Klöstern oder anderen christlichen Lebensgemeinschaften finden, in denen Außenstehende sogenannte „Retraite-" („Rückzugs-") Wochenenden erleben und Einblick in das Kosterleben nehmen können. Ruf einfach mal dort an oder schreib eine E-Mail, und erkundige dich nach Möglichkeiten, einmal ein Wochenende weitab von deinem normalen Alltag zu verbringen. Lass dich dort dann auf den völlig anderen Lebensrhythmus ein und denke über einige wichtige Fragen nach:

Warum bist du hier auf diesem Blauen Planeten? Um einen gut bezahlten Job zu finden? Um zu heiraten, die statistischen 1,3 Kinder zu bekommen und in einem Haus mit einem weißen Zaun drum herum zu wohnen? Warum? Welche von all den materiellen Dingen, mit denen du umgeben bist, sind wirklich wichtig? Welchen Platz soll Gott in deinem Leben einnehmen, und wie stellst du sicher, dass er den auch bekommt?

Nicole

Filmtipps

- Der Name der Rose
- Sister Act
- Die Geschichte einer Nonne
- Klöster der Schweiz

Bibelvers

„Ihr wisst doch, dass an einem Wettlauf viele teilnehmen; aber nur einer bekommt den Preis, den Siegeskranz. Darum lauft so, dass ihr den Kranz gewinnt! Alle, die an einem Wettkampf teilnehmen wollen, nehmen harte Einschränkungen auf sich. Sie tun es für einen Siegeskranz, der vergeht. Aber auf uns wartet ein Siegeskranz, der unvergänglich ist. Darum laufe ich wie einer, der das Ziel erreichen will." (1. Korinther 9,24–26; GN)

Zwischenmenschliches

24 Bitte deine Eltern, dir ihre Liebesgeschichte zu erzählen

Falls du die Story nicht eh schon auswendig kennst, dann nutze doch mal den nächsten ruhigen Abend, und bitte deine Eltern, dir zu erzählen, wie sie sich kennengelernt haben, wie ihr erstes Date gelaufen ist und wann und wie sie wussten, dass sie zusammenbleiben wollen.

Mal ganz davon abgesehen, dass Liebesgeschichten immer total spannend sind, hat diese ja direkt mit dir zu tun. Mit ziemlich großer Wahrscheinlichkeit wirst du danach deine Eltern mit anderen Augen sehen. Und als netter Nebeneffekt erinnern sich deine Erzeuger auch mal wieder daran, dass sie mal jung und verliebt waren – das ist immer gut, vor allem, da das Gefühl im Alltagstrott gern mal verloren geht.

Besonders cool wird so ein Abend, wenn ihr dazu noch das Familien-Fotoalbum herauskramt und euch über die Frisuren und Klamotten von vor 20 Jahren kaputtlacht. Vielleicht kommt dabei noch die eine oder andere lustige oder spannende Story aus der Jugend deiner Eltern heraus – die waren nämlich nicht immer so erwachsen wie heute, sondern hatten vermutlich mal ähnliche Träume und Wünsche und verrückte Ideen wie du.

Wenn die Stimmung entsprechend ist, kannst du deinen Eltern (vielleicht auch einzeln) auch mal wirklich heiße Fragen stellen – nein, nichts Sexuelles (denn das willst du nicht wirklich wissen!!!), sondern eher Tiefgehendes wie: „In welche Eigenschaft von Mama/Papa hast du dich damals besonders verliebt und siehst du das heute auch noch so?“ oder: „Würdet ihr das Ganze heute noch mal genauso machen oder würdet ihr etwas ganz anders anpacken?“

Das gibt dir vielleicht nicht nur mehr Aufschluss über deine Eltern, sondern auch darüber, wie du dir deine Zukunft und vor allem deinen (potenziellen) Partner vorstellst.

Karo

Filmtipps

- Zurück in die Zukunft
- Peggy Sue hat geheiratet

Bibelvers

„Was Vater und Mutter dir beibringen, ist wie eine helle Lampe für deinen Weg. Wenn sie dich ermahnen und zurechtweisen, leiten sie dich an zu einem erfüllten Leben.“ (Sprüche 6,23; GN)

Reisen

25 Stell dich auf die Datumsgrenze und/oder den Äquator

Die Uhrzeit richtet sich prinzipiell nach dem Gang der Sonne (Erdrotation). Das bedeutet, dass ein Ort mit einer anderen geografischen Länge eine entsprechend versetzte Uhrzeit zu einem anderen hat. Dieser „Versatz“ beträgt 1 Stunde pro 15 Grad, da 24 Stunden 360 Grad entsprechen.

Die Datumsgrenze ist die Grenze zwischen den Zeitzonen, die jedes Datum *zuerst* durchlaufen, und denjenigen, die jedes Datum *zuletzt* durchlaufen. Sie liegt auf der Erde in der Nähe des 180. Längengrads im Pazifischen Ozean. Die Zeitzonen direkt östlich und westlich des 180. Längengrads (UTC-12 und UTC+12) sind 24 Stunden voneinander entfernt.

Stell dir eine imaginäre Linie entlang des 180. Breitengrads vor, die am Nordpol beginnt und am Südpol endet. Die Linie verläuft nicht ganz gerade, um kleinere Inselgruppen usw. nicht zu „zerteilen“. Aber auf der Fidschi-Insel Taveuni zum Beispiel hat man die Möglichkeit, auf zwei Tagen gleichzeitig zu stehen. Ein Schritt hin oder her und du bist in der Zukunft oder in der Vergangenheit! Besonders schön ist das an deinem Geburtstag oder an Silvester – dann kannst du zweimal feiern oder einen Tag länger jünger bleiben!

Ob du nun bei der Überquerung der Datumsgrenze einen Tag dazurechnen oder abziehen musst, sagt dir der folgende Merkspruch:

Von Ost nach West halt's Datum fest,
von West nach Ost lass Datum los.

Ost und West beziehen sich dabei aber auf die Himmelsrichtung, nicht auf die Längengrade (östlich des 180. Längengrades befindet man sich in Gebieten mit westlicher Länge und umgekehrt).

Auch sehr spannend: sich auf den Äquator stellen!

Der Äquator ist der größte Breitengrad und teilt die Erde in eine Nord- und eine Südhalbkugel – wenn du dir einen Globus vorstellst, läuft er also einmal quer über die breiteste Stelle der Kugel (horizontal). Seine Länge beträgt 40.076,6 km und sein Durchmesser 12.756 km. Er durchquert Afrika, die Malediven, den Indischen Ozean, Indonesien, Mikronesien, den Pazifik, Südamerika und den Atlantik.

Vier Hauptstädte liegen fast auf dem Äquator:

- Quito/Ecuador (20 km südlich des Äquators)
- Libreville/Gabun (40 km nördlich des Äquators)
- São Tomé/São Tomé und Príncipe (35 km nördlich des Äquators)
- Kampala/Uganda (35 km nördlich des Äquators)

Das Äquatormonument in der Nähe von Quito liegt nicht genau am Äquator. Dieser befindet sich circa 240 Meter nördlich des Denkmals. Seit Mitte 2007 gibt es ein neues Äquatordenkmal, direkt an der Panamericana[3] gelegen und mit Blick auf den Cayambe[4]. Dieses weicht nach neuesten GPS-Messungen nur wenige Millimeter vom tatsächlichen Äquator ab. Hier könntest du also mit ziemlich großer Sicherheit diesen Punkt von der Liste streichen!

Karo

---

[3] Ein Schnellstraßensystem in Südamerika

[4] Ein Vulkan in den Anden

Filmtipps

- Memento
- Und täglich grüßt das Murmeltier

Bibelvers

„Meine Zeit steht in deinen Händen." (Psalm 31,16; L)

26 Probier etwas Neues aus, für das du vermeintlich zu alt, zu groß, zu dick … bist

In Büchern und auf der Leinwand begegnen uns zahlreiche Figuren, denen man eigentlich nicht viel zugetraut hätte, weil sie zu jung, zu klein, zu machtlos, zu zurückhaltend, zu was auch immer sind.

Frodo war nur ein kleiner Hobbit ohne jede magische (oder auch nur menschliche) Fähigkeit und er war auch alles andere als ein großer Kämpfer. Stattdessen stammte er aus einem Völkchen, das mehr fürs Essen und Trinken, Schlafen und Gärtnern übrighatte. Und doch erfüllte er die ihm anvertraute „übermenschliche" Aufgabe und rettete Mittelerde, indem er den Einen Ring in das Feuer des Schicksalsberges warf.

Die vier Geschwister Peter, Susan, Edmund und Lucy gerieten durch einen geheimnisvollen Kleiderschrank in die fantastische Welt Narnia, die von mythischen Geschöpfen, von Märchenfiguren und von sprechenden Tieren bewohnt wurde. Sie schlossen sich schließlich dem Widerstand gegen die Weiße Königin an, die das Land in ewigen Winter getaucht hatte, und kämpften an der Seite von Aslan, dem wahren König und Sohn des großen Kaisers jenseits des Meeres, in einer großen Schlacht gegen die Hexe. Nach der Befreiung Narnias ernannte Aslan Peter zum Hochkönig des Landes und Edmund, Susan und Lucy zu König und Königinnen. Sie bestiegen die Throne in Feeneden und regierten das Land nach der Rückkehr Aslans in sein Reich jenseits des östlichen Ozeans viele Jahre glücklich. Und doch waren sie nur Kinder.

Aber natürlich gibt es nicht nur in der Fiktion, sondern auch in der Realität Menschen, die ihre vermeintlichen Grenzen gesprengt und Großes erreicht haben. Zum Beispiel Crystal Miller, die mit 16 Jahren das Blutbad an der Columbine Highschool in den USA überlebte und dadurch erkannte, dass es nicht selbstverständlich ist, dass es einen nächsten Tag geben wird. Heute ist sie als Sprecherin auf der ganzen Welt unterwegs.

Gibt es in deinem Leben etwas, das du gerne tun würdest, für das du aber in deinen eigenen Augen oder nach Meinung anderer zu klein, zu unbegabt, zu schüchtern ... bist? Egal, ob es dabei um große oder um kleine Dinge geht, ob du Angst vor der Führerscheinprüfung hast, weil andere sagen, dass du es eh nie schaffen wirst, ob es um den Traumjob geht, für den deine Ausbildung vermeintlich zu schlecht ist, oder ob es um einen Lebenstraum wie eine Reise durch Asien oder die Teilnahme an den Olympischen Spielen geht – wenn deine Pläne mit Gottes Plänen für dein Leben übereinstimmen, dann wird er dir auch die notwendigen Werkzeuge mitgeben, die du brauchst, um deine Träume und Ziele zu erfüllen.

Was sind zurzeit deine kleinen und großen Träume und Ziele? Notiere Sie auf einem Blatt Papier, und denke darüber nach, was du tun musst, um sie Wirklichkeit werden zu lassen. Und dann bitte Gott um seine Unterstützung.

Nicole

Filmtipps

- Hairspray
- Freedom Writers
- Eine für vier
- Forrest Gump
- X-Men
- Little Miss Sunshine

- Whale Rider
- Der Herr der Ringe (Trilogie)
- Die Chroniken von Narnia

Bibelvers

„Aber er hat zu mir gesagt: ‚Verlass dich ganz auf meine Gnade. Denn gerade wenn du schwach bist, kann sich meine Kraft an dir besonders zeigen.'"
(2. Korinther 2,12; Hfa)

27 Antworte auf eine Kontaktanzeige oder gib selbst eine auf

Hast du auch schon einmal eine Kontaktanzeige gelesen, die so langweilig war, dass du es gar nicht glauben konntest – oder so spannend klang, dass du richtig neugierig geworden bist, wer sich dahinter verbirgt?

Ob du nun für dich selbst guckst oder für deinen besten Freund oder für deine Lieblingstante – es ist auf jeden Fall eine horizonterweiternde Erfahrung, entweder eine Kontaktanzeige zu schalten oder auf eine zu antworten, die einen irgendwie anspricht. Dabei muss es nicht immer nur um einen Partner gehen; viele geben auch Anzeigen auf, weil sie Reisebegleiter suchen oder weil sie einfach nette Leute in der Gegend kennenlernen wollen.

Kontaktanzeigen aller Art findest du nicht nur in deinem Lokalblättchen und diversen (frommen) Zeitschriften wie „Neues Leben" oder „Aufatmen". In der heutigen Zeit findest du Kontaktgesuche natürlich auch in Internetportalen wie www.jesus.de, www.neu.de, www.christfindetchrist.de oder Ähnlichen.

Wenn du auf eine Anzeige reagierst, die dich angesprochen hat, ist es höchst spannend zu entdecken, wie viel der beschreibende Text mit der dahintersteckenden Person tatsächlich zu tun hat. Man kann da sowohl freudige als auch skurrile Überraschungen erleben! Bestimmt hast du auch schon ein paar irre Storys gehört! Ein positives Beispiel am Rande: Eine Freundin von mir hat auf diese Weise ihren Traummann gefunden.

Noch viel interessanter ist es natürlich zu sehen, wer

auf eine Anzeige reagiert, die du selbst verfasst hast (für dich oder jemand anderen). Wie würdest du überhaupt dich selbst oder die andere Person beschreiben oder „vermarkten“? Wie formulierst du deine Wünsche und Erwartungen? Kommt überhaupt ein Echo? Wirst du von Zuschriften überflutet? Welche nimmst du in die nähere Wahl und warum?

Aber dennoch solltest du das Ganze vorsichtig angehen. (Nicht nur) im Internet treiben sich auch jede Menge dubioser Gestalten herum. Verrate niemandem deine private E-Mail-Adresse oder gar Telefonnummer oder Anschrift! Und solltest du dich wirklich mit jemandem persönlich treffen wollen, dann geh nicht allein und mach als Treffpunkt einen sehr öffentlichen Platz mit viel Publikumsverkehr aus (Café, Kneipe oder Ähnliches). Das kann sonst wirklich gefährlich werden.

Karo

Filmtipps

- E-Mail für dich
- Blind Date

Bibelvers

„Zwei sind allemal besser dran als einer allein. Wenn zwei zusammenarbeiten, bringen sie es eher zu etwas. Wenn zwei unterwegs sind und hinfallen, dann helfen sie einander wieder auf die Beine. Aber wer allein geht und hinfällt, ist übel dran, weil niemand ihm helfen kann.“
(Prediger 4,9–10; GN)

Persönlichkeit

28 Lad jemanden zum Essen ein, den du nicht besonders leiden kannst

Es gibt ja einfach Leute, die man nicht besonders ausstehen kann. Sei es, weil sie sich mal irgendetwas geleistet haben, das uns verletzt hat, oder weil sie einfach auf einer ganz anderen Wellenlänge liegen – irgendwie kann man nicht mit ihnen.

In dem Gebot von Jesus „Liebe deinen Nächsten wie dich selbst" heißt es aber nun mal nicht: „Liebe die Leute, die du sowieso schon magst." Ganz im Gegenteil. Wir sollen sogar die Menschen lieben, die uns hassen – die uns bei Entscheidungen in den Rücken fallen oder über uns lästern. Und wie alles, was Jesus uns aufgetragen hat, dient das unserem eigenen Besten. Denn auch hier gilt: Du entwickelst dich als Persönlichkeit nur dann weiter, wenn du Dinge tust, die außerhalb deines „Wohlfühlbereichs" liegen. Sonst bewegst du dich nämlich immer nur in einer ziemlich kleinen Blase und bleibst auch selbst immer begrenzt. Der Trick besteht darin, deine Grenzen langsam zu erweitern. Also immer einen Tick weiter zu gehen als du eigentlich möchtest oder als dir angenehm ist.

Das kannst du wunderbar üben, indem du mit jemandem, den du eigentlich nicht so besonders magst, essen gehst oder diese Person bekochst. Dabei kann Verschiedenes passieren: Mag sein, dass ihr euch auch weiterhin einfach nicht sonderlich versteht und euer Verhältnis nach diesem Treffen genauso ist, wie es vorher war. Macht ja nichts. Kann aber auch sein, dass du bei dieser Gelegenheit feststellst, dass der oder die Betreffende doch ganz nett ist, dass ihr vielleicht doch irgendein gemeinsames Interesse habt, dass euer Nicht-miteinander-Können auf einem Missverständnis beruht hat oder, oder, oder ...

Ganz entscheidend ist dabei die innere Einstellung, mit der du an die Sache rangehst. Mach dir vorher bewusst, dass dieser Mensch ein einmaliges, außergewöhnliches, von Gott geliebtes Geschöpf mit ganz besonderen Gaben und Fähigkeiten ist, von dem du vielleicht etwas lernen kannst. Und dann lass dich überraschen!

Meine heutige beste Freundin und ich konnten uns zum Beispiel bei unseren ersten Begegnungen absolut nicht leiden. Unsere spontane Abneigung beruhte komplett auf Gegenseitigkeit und wir sind auch tatsächlich sehr verschieden. Inzwischen hat sich das aber total gewandelt, und wir wären beide ein ganzes Stück ärmer, wenn wir uns nicht irgendwann mal trotz allem richtig aufeinander eingelassen hätten.

Karo

Filmtipps

- Blind Date
- Grüne Tomaten

Bibelvers

„Denn ich war hungrig und ihr habt mir zu essen gegeben; ich war durstig und ihr habt mir zu trinken gegeben; ich war fremd und ihr habt mich bei euch aufgenommen. [...] Ich versichere euch: Was ihr für einen meiner geringsten Brüder oder für eine meiner geringsten Schwestern getan habt, das habt ihr für mich getan." (Matthäus 25,35 ff.; GN)

Sonstiges

29 Betrachte die Erde aus dem Weltall

Die meisten von uns haben vermutlich eine Art mentale „To-do-Liste“, auf der all die Dinge stehen, die wir gerne in unserem Leben einmal machen oder erreichen möchten: endlich die Schule hinter uns bringen und dick Kohle verdienen. Einen Mann kennenlernen, der mindestens ebenso gut aussieht und so charmant ist wie George Clooney und uns heiratet. Eine Frau treffen, gegen die Heidi Klum abstinkt und die tatsächlich auch der Überzeugung ist, dass sie nur dich will. Endlich so viel Geld angespart haben, dass man sich ein eigenes Auto leisten kann ...

Auf meiner Liste steht der Wunsch, die Erde einmal aus dem Weltall zu sehen. Wenn du einen Blick in mein Bücherregal und in meine DVD-Sammlung werfen könntest, würdest du sehen, dass es dort unheimlich viel Science-Fiction zu entdecken gibt – die Romane von Douglas Adams oder Stanislaw Lem genauso wie die „Star Wars“-Filme oder die TV-Serie „Firefly“. Und als ich 2007 die NASA in Florida besucht habe, hätte ich am liebsten gleich nachgefragt, ob auf dem nächsten Spaceshuttle-Trip nicht noch ein Plätzchen frei ist ...

Einmal im Weltall sein – da muss man doch einfach das Gefühl haben, dass man Gott gleich ein Stückchen näher ist. Man muss doch einfach spüren, dass es da noch etwas gibt und dass wir nicht nur von *nichts* umgeben sind. Und daher machen sich auch die Astronauten, die schon einmal die dunkle Weite besucht haben, so ihre Gedanken über Gott und darüber, ob er wohl „da oben“ ist. Dem russischen Kosmonauten Juri Gagarin – der als erster Mensch im Weltall war – hat man lange nachgesagt, dass er erklärt habe: „Ich war im Himmel und habe mich genau umgesehen. Es gab keine Spur von Gott." Wie gut, dass man gar nicht bis ins Weltall reisen muss, um Gott zu begegnen!

Ein anderer Astronaut, der Amerikaner James Irwin, bringt es auf den Punkt: „Es ist wichtiger, dass Jesus Christus den Fuß auf die Erde gesetzt hat, als der Mensch den seinen auf den Mond."

Ein Glück für mich, denn in meinem Alter werde ich's wohl nicht mehr bis zum Blick aus dem Weltall bringen (höchstens mit Hilfe von *Google Earth)* – aber bei dir könnte es noch klappen!

Einige Astronauten wie Neil Armstrong und Edwin E. Aldrin haben sogar Bücher über ihre Erfahrungen im Weltall verfasst. Du könntest in der Stadtbücherei ja einmal nachschauen, ob man dort nicht einige ausleihen kann. Oder du könntest dich auch beim ESOC (Europäisches Raumfahrtzentrum) in Darmstadt erkundigen, welche Bedingungen man erfüllen muss, um Astronaut zu werden. Man kann ja nie wissen ...

Außerdem spannend: die Welt mit *Google Earth* betrachten. Dabei kannst du die Erde immer weiter ranzoomen – von der blauen Murmel bis in den eigenen Vorgarten! Die Web-Fassung von *Google Earth Deutschland* findest du unter http://maps.google.de; die Software selbst kannst du unter http://earth.google.de herunterladen.

Auf der Internetseite von „ESA – Kids" (die ESA ist die Europäische Weltraumorganisation) findest du übrigens eine Reihe von hilfreichen Tipps, wie man wirklich Astronaut wird:

„Erstens: Du musst es wirklich wollen. Denn bevor du deine Astronautenausbildung überhapt erst beginnen

kannst, musst du viele Jahre lang studieren und arbeiten. Die meisten Raumfahrer fangen in einem Alter zwischen 27 und 37 Jahren an.

Zweitens: Kluge Köpfe sind gefragt. Du musst eine Universität besuchen und Technik, Medizin oder eine Naturwissenschaft studieren können. Außerdem lassen sich viele Astronauten in der Luftwaffe ihres Landes zum Piloten ausbilden.

Drittens: Astronauten stammen aus den unterschiedlichsten Ländern in Europa und viele von ihnen nehmen an Missionen mit Kollegen aus den USA, aus Russland und China teil. Sie müssen also Englisch sprechen, um sich untereinander verständigen zu können.

Viertens: Du musst dich einer guten Gesundheit erfreuen, da die Astronautenausbildung äußerst anstrengend sein kann.

Nicht zu vergessen: In einem Raumschiff leben die Astronauten in sehr beengten Verhältnissen. Deshalb musst du gut mit anderen Menschen auskommen können. [...]“[5]

Nicole

Filmtipps

- Apollo 13
- Der Stoff, aus dem die Helden sind
- Astronaut Farmer

Bibelvers

„Ich bestaune den Himmel, das Werk deiner Hände, den Mond und alle die Sterne, die du geschaffen hast: Wie klein ist da der Mensch, wie gering und unbedeutend! Und doch gibst du dich mit ihm ab und kümmerst dich um ihn!“ (Psalm 8,4–5; GN)

---

5 http://www.esa.int/esaKIDSde/SEMSL8XJD1E_LifeinSpace_0.html

30 Geh auf Pilgerreise

Spätestens seit sich Hape Kerkelings Buch „Ich bin dann mal weg“ hartnäckig in den Bestsellerlisten hält, hat auch die letzte Schnarchnase mitbekommen, dass es so etwas wie Pilgern gibt und dass das irgendwie gut ist.

Früher einmal sind fromme Leute aus religiösen Gründen irgendwohin gepilgert – meist zu Fuß –, um Buße zu tun, ein Gelübde zu erfüllen oder sich einfach geistlich weiterzuentwickeln. Manche hofften auch, so eine Wallfahrt würde ihnen helfen, von einer Krankheit geheilt zu werden oder ein Gebetsanliegen erfüllt zu bekommen. Manchmal wurden sogar Verbrecher, statt sie ins Gefängnis zu stecken, auf eine Wallfahrt geschickt, in der Hoffnung, dass sie dadurch geläutert würden. Die Orte, zu denen gepilgert wird, sind meist durch ein besonderes Ereignis oder durch eine berühmte Persönlichkeit, die dort gewirkt hat, zu Wallfahrtsorten geworden. Auch heute noch unternehmen alljährlich rund 40 Millionen Christen eine Pilgerreise – aber auch im Islam und im Buddhismus kennt man das Pilgern als religiöse Erfahrung.

Das berühmteste Ziel solcher Wallfahrten war und ist Jerusalem – übrigens nicht nur für Christen, sondern auch für Juden und Moslems. Später kam dann Rom dazu und dann noch viele andere Orte, allen voran der heute bekannteste Wallfahrtsort Santiago de Compostela (Spanien). Diese Stadt ist Ziel des Jakobswegs (weil in Santiago der Apostel Jakobus begraben ist), des Wegs, den Hape Kerkeling unter die Füße genommen hat. Aber es gibt auch in Deutschland eine ganze Reihe von uralten Wallfahrtsorten und Pilgerwegen.

Auf so einer Pilgerreise geschieht Verschiedenes: Zum einen ist sie für viele Leute ein willkommener Tapetenwechsel – ein Ausbruch aus dem Alltag. Eine Pilgerreise führt durch fremde Länder oder Gegenden, man begegnet vielen Menschen, die ebenfalls auf dem Weg sind und die man sonst nie getroffen hätte. Man ist traditionell zu Fuß und mit möglichst wenig Gepäck unterwegs, muss sich mühsam vorankämpfen, improvisieren und Abenteuer erleben – und ganz nebenbei wird die Aufmerksamkeit auf die Gegenwart gerichtet, man lebt voll im Hier und Jetzt. Es gibt einfaches Essen und ein schlichtes Nachtlager unter freiem Himmel oder in einer Herberge. Man wandert ohne Uhr und ohne Terminplaner dahin und kann seinen Gedanken freien Lauf lassen (nicht umsonst wird Pilgern auch als „Beten mit den Füßen“ bezeichnet). Seele, Körper und Geist kommen gleichzeitig in Bewegung und vielleicht ganz neu in Einklang miteinander. Manche Menschen machen sich auch auf eine Pilgerreise, um bewusst Abschied zu nehmen – von einem Menschen, von einem Job oder einer Lebensphase. Und die allermeisten Pilger begegnen auf ihrer Wanderung nicht nur vielen anderen Menschen und sich selbst, sondern auch Gott.

Du siehst also, es gibt viele gute Gründe, so eine Wallfahrt zu unternehmen – vor allem wenn du dich selbst in deinem Leben an einem Scheideweg befindest und Klarheit gewinnen willst.

Mach dich doch mal schlau, ob es in deiner Gegend alte Pilgerpfade gibt. Oder erkundige dich, wie so eine Pilgerreise nach Santiago abläuft. Du musst nicht den ganzen Weg bis nach Spanien zu Fuß gehen, nur mindestens die letzten 100 km sind ein „Muss“. In Santiago angekommen erhältst du dann eine Urkunde, die dich als offiziellen

„Peregrino"[6] ausweist ... und die übrigens in Frankreich und Spanien in letzter Zeit öfters Bewerbungsunterlagen hinzugefügt wird!

Karo

Filmtipp

- Die große Reise

Bibelvers

„[Sie] werden von da an jedes Jahr nach Jerusalem pilgern, um das Laubhüttenfest zu feiern und den Herrn, den Herrscher der Welt, als ihren König zu verehren."
(Sacharja 14,16)

[6] Spanisch für „Pilger"

Geschichte

31 Besuch ein ehemaliges KZ

Geschichte kann manchmal wirklich langweilig sein, und vielleicht bist du schon davon angeödet, immer wieder zu hören, dass die Deutschen die Verantwortung für die Vernichtung von Millionen von Juden tragen. Vielleicht willst du dich auch nicht mit diesem Thema beschäftigen, weil das Ganze schon vor so langer Zeit geschehen ist und irgendwie gar nichts mit deinem Leben zu tun hat.

Trotzdem hier ein Tipp: Schau doch mal im Internet nach, wo man heute noch Konzentrationslager besichtigen kann. Besuche dann mit deinen Eltern oder Freunden ein ehemaliges KZ (beispielsweise Buchenwald bei Weimar) und schau dir die dortigen Ausstellungen an. Du erfährst auf diese Weise mehr über die Geschichte deines Landes, die jüdische Kultur – und darüber, zu was ganz normale Menschen in der Lage sind. Vielleicht hast du schon Fotos von ausgemergelten KZ-Opfern oder Leichenstapeln in Büchern oder im Fernsehen gesehen. Doch hautnah vor Ort zu sein, in den Gebäuden, in denen das alles passiert ist, ist etwas völlig anderes.

Übrigens: Jugendliche aus aller Welt zwischen 16 und 26 Jahren treffen sich jedes Jahr im ehemaligen KZ Dachau, um sich gemeinsam mit der Geschichte, aber auch der Gegenwart auseinanderzusetzen. Drei Wochen lang beschäftigen sich die Teilnehmer der *Internationalen Jugendbegegnung* in Workshops, Vorträgen, Führungen und Gesprächen mit Zeitzeugen mit der Geschichte des Nationalsozialismus und des Konzentrationslagers

Dachau. Es geht darüber hinaus aber auch um heutige Formen von Ausgrenzung, Rassismus und Diskriminierung – und dass es das heute noch gibt, kannst du in den Nachrichten sehen, wenn von Hetzjagden auf ausländische Mitbürger berichtet wird oder wieder mal ein paar Skinheads einen Farbigen verprügelt haben.

Aber eigentlich fängt Ausgrenzung schon viel früher an: Vielleicht gibt es in deiner Klasse oder deinem Jahrgang auch jemanden, auf dem besonders gerne herumgehackt wird, weil er sich keine Markenklamotten leisten kann, unheimlich verpickelt ist oder 30 Kilo zu viel auf die Waage bringt!?

Lass dich auf diese ganz besondere Herausforderung ein und besichtige in Ruhe ein ehemaliges KZ. Glaub mir: Sie wird dich nicht unverändert lassen!

Nicole

Filmtipps

- Das Leben ist schön
- Schindlers Liste
- Sophie Scholl
- Der große Diktator
- Nackt unter Wölfen

Bibelvers

„Nur Gott, der das Gesetz gegeben hat, kann gerecht richten. Nur er hat die Macht, zu retten oder zu vernichten. Welches Recht hast du also, deinen Nächsten zu verurteilen?“ (Jakobus 4,12; NL)

Geistliches

32 Investier ein Jahr für Gott

Dein Schulabschluss ist nah, und du hast keine Ahnung, was du eigentlich für einen beruflichen Weg einschlagen sollst? Viele Leute zwischen 18 und 25 Jahren sind in dieser Situation und fragen sich: *Welchen beruflichen Weg soll ich einschlagen? Wo liegen eigentlich meine Gaben und Talente? Was möchte Gott von mir?*

Alles ideale Ausgangspunkte, um sich mal bewusst Zeit für Gott zu nehmen, das Vertraute zu verlassen, sich auf Neues und Unbekanntes einzulassen – kurzum, Gott ein Jahr seines Lebens zur Verfügung zu stellen und mal zu sehen, was er damit macht! Und weil es so viele Leute gibt, denen es so geht, gibt es die Möglichkeit, ein Freiwilliges Soziales Jahr (FSJ) oder „Jahr für Gott" zu machen.

So ein „Orientierungsjahr" kann man in den verschiedensten Einrichtungen absolvieren: in einem sozialen Werk, einer Missionsstation, in einem Reha-Zentrum, einem Kinderheim oder ... oder ... oder – in Deutschland oder irgendwo sonst auf der Welt. Ob du dabei mehr in eine soziale, gemeinnützige oder sogar missionarische Richtung gehen willst, liegt ganz bei dir – erkundige dich doch einfach mal in deinem Bekanntenkreis, wer so etwas schon mal gemacht hat und wo du dich bewerben kannst. Offiziell gehört so ein FSJ zum Bildungsprogramm des Staates und wird als solches gefördert. Sprich: Die Organisation, bei der du arbeitest und lebst, bekommt dafür staatliche Unterstützung und du im Normalfall ein Praktikantengehalt sowie freie Kost und Logis.

Lassen wir doch mal einen FSJ-ler zu Wort kommen (nachzulesen bei www.tzwaehn.de):

„Ich mache ein ***F****reiwilliges* ***S****oziales* ***J****ahr, kurz FSJ. Dabei verpflichte ich mich, für ein ganzes Jahr einer sozialen Tätigkeit nachzugehen. Dafür wird mir dieses Jahr aber als Ersatzdienst anerkannt. Die Art der Arbeit hängt vom Einsatzort ab. Ich habe mich für ein Kinderheim auf den Philippinen entschieden. Viele werden sich bestimmt fragen, warum man denn so etwas tut. Berechtigte Frage.*

Zum einen denke ich, dass so ein Jahr weg von zu Hause einfach eine super Sache ist für mich persönlich. Durch das Jahr werde ich wohl ziemlich reifen, wie man so schön sagt. Dadurch, dass ich eine so lange Zeit nur mit Fremden, die zudem nicht meine Sprache sprechen, zu tun habe, durch das Fehlen von Familie und Freunden, durch die fremde Kultur, durch das andere Klima ... erlebe ich einfach mal etwas anderes, was mich prägen wird.

Ein weiterer Grund ist, dass ich mir noch absolut nicht schlüssig darüber bin, was ich später machen möchte. Ob ich studieren soll und was und wo und ... und ... und ... Ich erhoffe mir, in diesem Jahr zu erkennen, was der richtige Weg für mich ist.

Aber der größte Grund ist der: Gott hat schon so viel für mich getan, dass ich ihm einfach mal was zurückgeben will. Und ich bin mir absolut sicher, dass Gott mir ein unvergessliches Jahr schenken wird.

Zu der Formulierung ‚Ein Jahr für Gott': Natürlich soll das nicht heißen, dass ich jetzt mal ein Jahr für Gott lebe und danach wieder für mich weiterlebe. Ich will damit nur sagen, dass ich dieses Jahr in besonderer Weise für Gott leben möchte. Zudem hört sich der Titel toll an. ☺

Liebe Grüße, euer Sven"

Karo

Filmtipps

- Kolping
- Kammerflimmern

Bibelvers:

„Ich aber, Herr, hoffe auf dich und spreche: Du bist mein Gott! Meine Zeit steht in deinen Händen."
(Psalm 31,15–16; L)

Sonstiges

33 Sing im Auto lauthals, auch wenn dich jemand sieht

Im Fernsehen laufen immer neue Staffeln von „Popstars" und „Deutschland sucht den Superstar", und die ganze Nation sitzt vor der Flimmerkiste, um die zukünftigen „Stars" zu bewundern. Und sich über diejenigen zu amüsieren, die glauben, sie könnten singen, es aber lieber bleiben lassen sollten. Dazu gehöre leider auch ich.

Versteh mich nicht falsch: Ich LIEBE Musik. Elvis, der King of Rock 'n' Roll, hat einmal treffend gesagt: „Without a song a man ain't got a friend" – oder um es mit anderen Worten zu sagen: Jemand, der kein Lied in seinem Herzen hat, ist auch kein Mensch, mit dem man gerne befreundet sein möchte.

Einen Ort gibt es allerdings, da kann selbst ich nicht anders als zu singen: im Auto. Falls du schon mal „Wayne's World" gesehen hast und dich an die Szene erinnerst, in der Wayne und seine drei Kumpel lauthals „Bohemian Rapsody" von „Queen" mitsingen und -grooven – yup, so sieht das auch bei mir aus, wenn ich lauthals mitsinge.

Viel zu oft bewegen wir uns viel zu angepasst durchs Leben und wagen nicht, durch die Frisur, Kleidung, das Verhalten und anderes hervorzustechen, weil wir Angst haben, dass wir dann von anderen nicht akzeptiert werden. Wenn du dir mal im Zug oder in Kneipen die Gespräche der Leute um dich herum anhörst, dann wirst du vielleicht feststellen, dass es darin oft um Jobs geht, darum, wie viel man verdient, wer einen mag und wer nicht und wie indiskutabel die Leute sind, die einen nicht mögen. Es geht darum, was cool ist und was nicht, wer einen guten Geschmack hat und wer nicht, wie man das eigene Haus noch schöner einrichten kann und welche Mannschaft besser ist als die andere.

Wenn wir ehrlich sind, dann ist es uns allen wichtig, dass andere Menschen uns mögen, und wir fühlen uns schrecklich, wenn sie es nicht tun – aber das Schlimmste ist, dass wir meist glauben, was andere über uns sagen. Es ist, als wäre die Stimme Gottes – die am Ende der Erschaffung dieser Welt „Und siehe, es war sehr gut" gesagt hat, als er sich den Mensch anschaute – durch viel weniger glaubwürdige und relevante Stimmen ersetzt worden.

Und diese Personen bestimmen darüber, was „in" ist – welche Klamottenmarke man tragen muss, mit wem man sich in der Schule abgeben darf und mit wem nicht, welches Auto man fahren muss, welche Filme man gesehen und welche Computerspiele man gespielt haben muss ...

Aber sind diese Stimmen wirklich so wichtig? Oder hat Gott nicht eine Vielfalt an Individuen geschaffen und keine Klone, die alle in dieselbe Richtung laufen?

Hab doch einfach mal den Mut, aus den festgelegten Mustern auszubrechen und dich lächerlich zu machen – sing beim Autofahren, auch wenn andere dich sehen können.

Nicole

Filmtipp

- Wayne's World

Bibelvers

„Als die Bundeslade in die Davidsstadt getragen wurde, stand Davids Frau Michal, die Tochter Sauls, am Fenster. Sie fand es unpassend, dass David als König vor dem Herrn her tanzte und hüpfte, und sie verachtete ihn in ihrem Herzen." (2. Samuel 6,16; GN)

34 Erlebe Tiere in freier Wildbahn

Natürlich ist eine Safari durch die Serengeti mit hautnahem Kontakt zu den „Big Five" (Löwe, Elefant, Büffel, Nashorn, Leopard) das ultimative Wildnis-Erlebnis, aber man muss gar nicht so weit reisen, um interessante Tiere in ihrer natürlichen Umgebung zu erleben.

In Deutschland gibt es neben Zoos auch jede Menge großer Wildparks, Wildgehege oder Safariparks, in denen einheimische, aber auch exotische Tiere wie Giraffen, Elefanten und Affen, mancherorts sogar Raubkatzen, unter fast natürlichen Bedingungen leben und beobachtet werden können. Und wusstest du zum Beispiel, dass es nördlich des Ruhrgebiets in der „Dülmener Wildbahn" mitten in Deutschland noch eine Herde von rund 300 echten Wildpferden gibt? Jedes Jahr am letzten Samstag im Mai findet dort der „Wildpferdefang" statt, ein Riesenspektakel, bei dem die einjährigen Hengstfohlen aus der Herde aussortiert und versteigert werden.

Noch „naturnäher" ist es, einmal mit einem Jäger oder Förster auf Tour zu gehen – dazu musst du zwar vermutlich zu einer äußerst unchristlichen Zeit das Bett verlassen und kilometerweit durch den Wald stapfen, aber es lohnt sich! In Deutschland gibt es jenseits von Zäunen und Gehegen neben Wildschweinen, Hirschen und Rehen auch Wildkatzen, Dachse, Luchse und an manchen entlegenen Stellen sogar Wölfe.

Superspannend ist das in der Brunftzeit – also dann, wenn die Tiere sich paaren. Absolut urzeitmäßig sind zum

Beispiel die dumpf grollenden „Böllerrufe", die Hirsche in der Brunft von sich geben – Gänsehautfeeling garantiert! Bei Rehen ist das im Juni/Juli der Fall, bei Rotwild etwa ab Mitte September, Wildschweine haben ihre „Rauschzeit" im Januar.

Noch eine amüsante Randbemerkung dazu: Donald Miller macht sich in seinem Buch „Wer braucht schon ein Boot?" Gedanken, wie lange es wohl gedauert hat, bis Adam all den Tieren, die es nach der Erschaffung dieser Erde gab, Namen gegeben hatte:

„Ich hatte diese Stelle schon hundertmal gelesen, aber dieses Mal fragte ich mich doch, was diese Mammutaufgabe wohl alles umfasste. Bislang hatte ich Adam vor meinem inneren Auge immer bequem an einen Baumstamm gelehnt dasitzen sehen, das Kinn auf die Hand gestützt, und Gott lässt die Tiere an ihm vorüberflanieren. Adam wirft lässig die passenden Namen ein: ‚Büffel, Schimpanse, Pferd, Maus, Eidechse, Büffel – ach, Moment mal, das hatten wir schon! Äh, dann vielleicht Rind. Rind hatte ich bislang noch keins genannt, oder?'

Aber ob es wirklich so mühelos war? Wie lange hat es wohl gedauert, zum Meer zu gelangen, um die Wassertiere zu benennen? Hat er sich ein Floß gebaut, oder hat Gott die Tiere dazu gebracht, nah an die Küste zu schwimmen?

Ich informierte mich darüber, wie viele Tiere es auf der Welt gab, und stellte fest, dass es ungefähr 100 Millionen Arten sind! Selbst wenn man der Evolutionstheorie Glauben schenkt, bedeutete das, dass es damals zwischen einer und 50 Millionen Tierarten gab, und Adam musste ihnen allen Namen geben."

Karo

Filmtipps

- Die lustige Welt der Tiere
- Die Wüste lebt
- Nomaden der Lüfte

Bibelvers

„Wer gab dem wilden Esel seine Freiheit, wer löste seine Fesseln, ließ ihn laufen? [...] *Meinst du vielleicht, der Wildstier wird dir dienen? Verbringt er wohl die Nacht in deinem Stall?* [...] *Bist du vielleicht der einsichtsvolle Lehrer, bei dem der Falke seine Flugkunst lernte, wenn er nach Süden zu die Flügel breitet? Schickt dein Befehl den Adler hoch hinauf, dort in der Höhe seinen Horst zu bauen?"* (Hiob 39,5.9.26–27; GN)

Geistliches

35 Sag zu Gott: „Dein Wille geschehe!“ und meine es auch so

Das Vaterunser ist in vielen Gemeinden unverzichtbarer Bestandteil der sonntäglichen Gottesdienste und vermutlich beten es auch die meisten von uns abends vor dem Einschlafen. Doch hast du dir schon einmal wirklich Gedanken darüber gemacht, was du da betest? Okay, die Stelle mit dem täglichen Brot ist ja noch ganz einfach, und dass Gott uns vergibt, wenn wir etwas verbockt haben und ihn um Entschuldigung bitten, ist auch klar. Anderen zu vergeben ist da schon schwieriger, aber weil es Teil des ganzen Paketes ist, tun wir auch das. Und natürlich zapfen wir gerne Gottes Kraftquelle an, um unseren Alltag zu bewältigen. Klingt doch gar nicht so schlecht, oder?

Halt! Was ist mit den ersten Zeilen, die für unsere Ohren etwas ungewöhnlich klingen: „Geheiligt werde dein Name“? Ja, schon gut, Gott ist eben heilig, fehlerlos, vollkommen und uns in jeder Hinsicht überlegen, und dafür verdient er unsere Anbetung. Aber was ist mit „dein Wille geschehe“? Beten wir das wirklich in dem Bewusstsein, dass Gottes Wille anders aussehen kann als unser Wille? Und dass das manchmal ganz schön wehtun kann?

Kannst du auch dann noch „dein Wille geschehe“ beten, wenn ein Familienmitglied gestorben ist? Wenn du am liebsten mit deinen Freunden auf die Sommerfreizeit ans Meer fahren würdest, deine Eltern aber wollen, dass du mit ihnen in die Berge reist? Wenn dein Arbeitgeber dich nach Abschluss deiner Ausbildung nicht übernehmen will? Wenn du fest davon überzeugt bist, dass es doch Gottes Willen entsprechen muss, dass du eine bestimmte Frau heiratest – und dann geht die Beziehung doch in letzter Minute auseinander oder deine Liebe wird nicht erwidert?

Keine Sorge: Wenn du manchmal das Bedürfnis hast, wie ein kleines Kind mit dem Fuß aufzustampfen und „Ich *WILL* aber …" zu sagen, dann stehst du nicht alleine da. Jeder von uns erlebt immer wieder Augenblicke, in denen wir am liebsten mit dem Kopf durch die Wand möchten, um das zu bekommen, was wir haben WOLLEN. Und zwar sofort.

Doch hast du vielleicht auch schon mal erlebt, dass du eine Sache unbedingt haben wolltest und hinterher gemerkt hast, dass sie gar nicht so gut für dich war? Dass die neuen und furchtbar teuren It-Schuhe eben doch nur Schuhe und irgendwann „out" sind? Dass du mit einem Typen zusammen warst, der dich zu Dingen angestiftet hat, die vielleicht gar nicht so gut für dich waren?

Im 11. Kapitel des Lukasevangeliums steht: „Bittet Gott, und er wird euch geben. Sucht, und ihr werdet finden. Klopft an, dann wird euch die Tür geöffnet. Denn wer bittet, der wird bekommen. Wer sucht, der findet. Und wer anklopft, dem wird geöffnet. Welcher Vater würde seinem Sohn denn eine Schlange geben, wenn der ihn um einen Fisch bittet, oder einen Skorpion, wenn er ein Ei haben möchte?" (Verse 9–12, Hfa)

Natürlich ist Gottes Wille gut für uns, aber Gott hat manchmal eine grundlegend andere Ansicht von dem, was „gut" ist, als wir. Sprich: Sein Wille kann uns das Herz rausreißen und trotzdem „gut" für uns sein. Manchmal MUSS man sogar bis weit über seine Grenzen getrieben werden, damit man etwas kapiert.

Und auf der positiven Seite: Nach und nach ist es idealerweise so, dass Gottes Wille und der eigene Wille gar nicht mehr so weit auseinanderliegen.

Du kannst dich also getrost zurücklehnen: Wenn du auf Gott vertraust und darauf, dass sein Plan nur Gutes für dich vorsieht – obwohl du das vielleicht erst später erkennst –, wirst du merken, dass du mit seiner Hilfe Klippen umschiffst, auf die du ohne das Vertrauen, das in den Worten „dein Wille geschehe“ steckt, mit tödlicher Sicherheit aufgelaufen wärst. Vielleicht knirschst du anfangs noch mit den Zähnen und musst dich immer wieder neu zu diesem „Dein Wille geschehe“ überwinden. Aber vielleicht merkst du hinterher auch, dass das, was du bekommen hast, noch viel besser war.

Widme dich deshalb während deiner Stillen Zeit einmal bewusst dem Vaterunser und finde für jede Zeile des Gebetes eine praktische Anwendungsmöglichkeit in deinem Alltag.

Nicole

Filmtipps

- Schlafes Bruder
- Mein linker Fuß
- Frühstück bei Tiffany
- Das Haus am Meer
- Die Braut des Prinzen

Bibelvers

„Unser Vater im Himmel! Dein Name werde geheiligt. Dein Reich komme. Dein Wille geschehe wie im Himmel so auf Erden. Unser tägliches Brot gib uns heute. Und vergib uns unsere Schuld, wie auch wir vergeben unsern Schuldigern. Und führe uns nicht in Versuchung, sondern erlöse uns von dem Bösen. Denn dein ist das Reich und die Kraft und die Herrlichkeit in Ewigkeit. Amen.“
(Matthäus 6,9–13; LÜ)

Persönlichkeit

36 Lerne, Kritik anzunehmen, auch wenn sie unbequem ist

Kritik ist laut Lexikon die „fachmännische, objektive Beurteilung eines Produktes bzw. Werkes“, also zunächst einmal gar nichts Negatives, wie man immer gleich denkt. Sich und sein Tun von jemand anderem objektiv beurteilen zu lassen ist absolut lebenswichtig für die eigene Weiterentwicklung. Wie der unten stehende Bibelvers so unverblümt sagt, lernt man nur etwas dazu, wenn man Kritik annehmen kann. Und so ziemlich jeder Mensch, der in etwas richtig gut ist, wird dir sagen, dass er nur so weit gekommen ist, weil er die Kritik anderer Leute ernst genommen hat. Nur die wenigen wirklichen Genies werden auch ohne diesen Umweg brillant.

Nun ja, Kritik anzunehmen ist ja nun nicht ganz so schwer, wenn sie milde ist und in nette Worte gefasst wird. Mein Vater sagt zum Beispiel immer, wenn eine Sache richtig übel in die Hose gegangen ist: „Das ist eher suboptimal gelaufen.“ Nun sind aber nicht alle Menschen so nett und es gibt sogar richtig unangenehme Kritiker. Leider sind das aber oft gerade die Leute, bei denen man gut daran täte, ganz genau hinzuhören. Denn auch wenn der Ton vielleicht nicht der gelungenste war, könnte es sein, dass die Person inhaltlich recht hatte und dir einen wichtigen Entwicklungstipp mitgegeben hat oder dich vielleicht stoppen wollte, ehe du etwas Dummes machst. Und nicht immer war etwas, das dich verletzt oder gekränkt hat, auch wirklich so gemeint.

In der Kommunikationswissenschaft würde man vielleicht sagen, es kommt darauf an, mit welchem Ohr man hört. Hört man mit dem Beziehungsohr, versteht man Kritik gleich persönlich: „Du bist nicht in Ordnung." Hört man mit dem Sachohr, versteht man die kritische Aussage vielleicht wirklich nur als „objektive Einschätzung" des eigenen Handelns.

Natürlich gibt es auch die reinen Nörgelfritzen, die einfach nur Spaß daran haben, andere fertigzumachen. Das ist aber eher die Ausnahme. Bei den meisten Leuten ist es vielmehr so, dass sie dir gerade deswegen einen Spiegel vorhalten, weil ihnen etwas an dir liegt.

Dass Kritik meist nicht sonderlich viel Spaß macht, sondern unbequem bis schmerzhaft ist, ist nun einmal leider so. Die ganzen Sprüche à la „No pain, no gain"[7] kommen ja nicht von ungefähr.

Also, das nächste Mal, wenn dir jemand vermeintlich verbal eine reingehauen hat, erst mal kurz durchatmen und überlegen: „War das wirklich negativ? War vielleicht was Wahres dran? Habe ich tatsächlich Mist gebaut? Kann ich davon ausgehen, dass diese Person mich grundsätzlich mag und mir Gutes will? Was sollte er/sie davon haben, mich grundlos runterzumachen?"

Wenn du es dann noch schaffst, aus einem unerfreulichen Text die Aussagen rauszufiltern, die du annehmen solltest, dann herzlichen Glückwunsch – du wirst es weit bringen! *Karo*

Filmtipp

- In Good Company

Bibelvers

„Wer lernen will, lässt sich gern zurechtweisen; wer keinen Tadel erträgt, bleibt dumm." (Sprüche 12,1; GN)

[7] dt.: ohne Schmerz kein Ergebnis

37 Heirate

Ich weiß, dass man Verallgemeinerungen eigentlich vermeiden sollte, aber ich bin mir ziemlich sicher, dass alle LeserINNEN glasige Augen kriegen, wenn ich von wunderschönen Brautkleidern, roten Rosen und romantischen Kirchen rede. Vermutlich träumt jedes kleine Mädchen davon, einmal den Tag zu erleben, an dem sie in einem weißen Prinzessinnenkleid vor den Altar geführt wird.

Na gut, das lässt sich vielleicht nicht jetzt gleich umsetzen. Aber trotz steigender Scheidungsraten und zynischer Filme ist Heiraten nach wie vor das absolute Muss-Erlebnis, das man sich auf gar keinen Fall in seinem Leben entgehen lassen sollte. Und zwar nicht nur, weil der Hochzeitstag bekanntlich der schönste Tag im Leben ist, vor Romantik nur so trieft, die Wirtschaft ankurbelt und Mami und Papi glücklich macht, sondern vor allem wegen dem, was dahintersteht: das kompromisslose, verbindliche, vollkommene Einlassen auf einen anderen Menschen und die Bereitschaft, diese Beziehung durch Höhen und Tiefen aufrechtzuerhalten und den anderen mehr zu lieben als sich selbst, „bis dass der Tod euch scheidet". Wer nie so geliebt hat oder sich das nie traut, der verpasst wirklich etwas. Vielleicht sogar eines der wesentlichsten Dinge im Leben.

Natürlich gibt es auch Umstände, die es dir unmöglich machen, eine Ehe einzugehen – und vielleicht hast du schon eine ganze Reihe von schlechten Erfahrungen gemacht. Dann wollen wir dich um Himmels willen nicht noch mehr runterziehen. Oder Mr oder Mrs Right ist einfach noch nicht des Weges gekommen. Oder, oder, oder ....

Aber wenn es nur daran hängt, dass du dich eben einfach nicht traust oder generell eine schlechte Meinung vom anderen Geschlecht hast – dann nimm dies hier als kleinen Anstoß, noch mal über diese Sache nachzudenken.

Karo

Filmtipps

- Vier Hochzeiten und ein Todesfall
- Die Braut, die sich nicht traut

Bibelvers

„Deshalb verlässt ein Mann Vater und Mutter, um mit seiner Frau zu leben. Die zwei sind dann eins, mit Leib und Seele. [...] *Jeder von euch muss seine Frau so lieben wie sich selbst. Die Frau aber soll ihren Mann achten."*
(Epheser 5,31–33; GN)

Geistliches

38 Schreib alles auf, für das du dankbar bist

Es gibt Unmengen an Büchern über das Gebet und darüber, wie man das bekommt, was man sich wünscht. „Herr, bitte schenk mir doch das neue Auto“, „Vater, ich würde so gerne nächstes Jahr mit meinen Freunden in Urlaub fahren – und nicht mehr mit meinen Eltern“ – oder etwas frommer verpackt: „Herr, wenn es dein Wille ist, dann sorg doch bitte dafür, dass Alex sich in mich verliebt.“ Also, mit unserer Interpretation des „Unser tägliches Brot gibt uns heute“-Teils des Vaterunsers haben wir normalerweise wenig Probleme.

Natürlich hat Gott uns versprochen, dass er uns das gibt, was wir brauchen, und er lädt uns auch ein, mit all unseren Bitten zu ihm zu kommen. Doch wir sind, wie es aussieht, immer in Gefahr, dass wir Gott mit dem Weihnachtsmann verwechseln oder ihn für eine Art Wunscherfüllungsmaschine halten. Dabei übersehen wir all das Gute, das wir schon besitzen. Unsere Unzufriedenheit wächst, wenn wir nur auf das blicken, was wir *nicht* haben (aber offenbar alle anderen!), aber aus den Augen verlieren, was uns bereits gehört.

Dabei kann es sich um Dinge handeln, die wir gerne hätten – einen neuen iPod, Wii, einen Motorroller oder ein Auto –, oder auch um Eigenschaften, die wir gerne besäßen: Wir wären gerne extrovertierter, größer, schlanker, blonder ...

Dabei übersehen wir aber, dass andere uns vielleicht gerade deshalb mögen, weil wir uns eben nicht immer in den Vordergrund drängen, sondern gute Zuhörer sind. Dass es auch ein Gutes haben kann, dass du nicht wie deine Freunde bis in die Puppen unterwegs sein darfst, sondern abends um 18:00 Uhr zu Hause sein musst, um an dem gemeinsamen Abendessen teilzunehmen. Könnte es sein, dass das mit dazu beiträgt, dass die Beziehung zwischen dir und deinen Eltern besser ist als die deiner Freunde zu ihren Eltern?

Erstell mal eine Liste mit mindestens zehn Dingen, für die du Gott dankbar bist, und häng sie in deinem Zimmer, am Badezimmerspiegel oder an deinem PC-Bildschirm auf.

Nicole

Filmtipps

- Flutsch und weg
- Forrester – gefunden

Bibelvers

„Den Herrn will ich preisen für seine Treue; ihm, dem höchsten Gott, singe ich dankbar mein Lied."
(Psalm 7,18; GN)

Natur

39 Melk eine Kuh

Ja, es stimmt tatsächlich – die Milch erscheint nicht auf magische Weise im Kühlregal, sondern stammt von richtig echten, atmenden, wiederkäuenden und nicht sonderlich wohlriechenden Kühen. Eine deutsche Hochleistungskuh kann abhängig von Rasse und Fütterung übrigens bis zu 50 Liter Milch am Tag produzieren! So ein Fellteil mal selbst zu melken gehört definitiv zu den Dingen, die man einmal im Leben gemacht haben sollte. Aber das ist in der heutigen Zeit gar nicht so einfach!

Erstens musst du einen Bauernhof auftreiben, auf dem noch jemand weiß, wie mit der Hand gemolken wird – die meisten landwirtschaftlichen Betriebe haben heutzutage hochmoderne Melkmaschinen (aber selbst bei denen ist es schon sehr interessant zuzuschauen, wie das funktioniert). Aber vielleicht gibt's beim Milchbauern bei euch am Ortsrand noch eine Oma, die weiß, wie man einem Kuheuter per Hand das leckere weiße Zeug entlockt. Oder du erkundigst dich mal, ob ein Hof in deiner Nähe „Ferien auf dem Bauernhof" anbietet, da gehört Melken oft zu den „Touri-Events". Auch Histotainment-Parks bieten oft so etwas an.

Dann kommt das zweite Problem: Das Ganze ist richtig schwierig! Mal abgesehen von der Stimmung der Kuh ist die richtige Technik unerlässlich, denn so eine Zitze ist kein Wasserhahn, sondern will behutsam und doch konsequent behandelt werden. Der Melkende nimmt auf einem Melkschemel an der Seite des Tieres Platz und greift die Zitzen an der Wurzel, indem er Daumen und Zeigefinger zum Ring schließt und die übrigen Finger nacheinander eine Faust bilden. Die genau richtige Handbewegung öffnet den Schließmuskel (an der Zitzenspitze der Kuh) und lässt die Milch fließen. Also: Hände schön anwärmen und los geht's!

Anschließend kannst du deine „selbst ermolkene" Milch noch warm trinken, oder wenn du das nicht so magst, stellst du sie erst ein Weilchen in den Kühlschrank. Auf jeden Fall wirst du schnell merken, dass der Geschmack von frischer Milch ganz was anderes ist als der von Tetrapak-Milch ... und das trotz all der tollen Konservierungsmaßnahmen bei Tüten- oder Frischmilch.

Alternativ lassen wir auch Ziegenmelken durchgehen, wobei das noch schwieriger sein soll – dafür sind Ziegen auch nicht so groß und ehrfurchtgebietend wie Kühe und geben nur knapp einen Liter Milch pro Tag.

Ach ja, noch ein Wort zum bekannten Ausspruch „Das ist ja zum Mäusemelken!": Für wissenschaftliche Zwecke werden tatsächlich Mäuse gemolken. Allerdings gibt jede Maus nur etwa einen Milliliter Milch. Deshalb ist Mäusemilch auch sehr teuer – rund 20.000 Dollar pro Liter!

Karo

Filmtipps

- City Slickers
- Schwarzwaldhaus

Bibelvers

„Die Kühe und die Ziegen gaben Milch, so viel, dass ich drin hätte waten können." (Hiob 29,6; GN)

Geschichte

40 Besuch den Schauplatz einer großen Schlacht

Wir haben heute das große Glück, in einer Generation zu leben, die noch nie hautnah einen Krieg miterleben musste. Doch unser Land ist im Laufe seiner Geschichte schon von vielen Kriegen und Kampfhandlungen heimgesucht worden – so wie übrigens fast jedes Land der Welt.

Die Schlachtfelder der Weltgeschichte sind Orte, die von Tod, Zerstörung und menschlichem Leid erzählen. Ehemalige Schlachten haben sich tief in das kollektive Gedächtnis der betroffenen Völker eingegraben und ihre Austragungsfelder dienen ihnen als identitätsstiftender Ort (zum Beispiel Amselfeld für die Serben, für die Schotten Culloden oder der Teutoburger Wald für die Germanen/Deutschen). Während bis zum Zweiten Weltkrieg oft nur die Sieger am Schlachtfeld Heldendenkmäler errichteten, werden seitdem Gedenkstätten oft als Orte der Versöhnung konzipiert. In den USA etwa genießen sogenannte *Battlefield Memorials* einen besonderen gesetzlichen Status. Oft sind die Namen der gefallenen Soldaten irgendwo aufgeführt oder es werden symbolisch Kreuze aufgestellt.

Meist war die Umgebung eines Schlachtfeldes noch lange von dem Ereignis gezeichnet. Felder wurden verwüstet, die ländliche Bevölkerung auf Jahre geschädigt. Weil sich oft sonst niemand um die Bestattung der im Kampf getöteten Teilnehmer der Schlacht kümmerte, musste die ansässige Bevölkerung auch diese Aufgabe übernehmen. Viele Soldaten wurden daher namenlos in Massengräbern „entsorgt".

Sicher gibt es auch in deiner Nähe eine solche historische Stätte. Vielleicht wohnst du ja im Raum Bramsche-Kalkriese am Wiehengebirge im Osnabrücker Land, wo die Varusschlacht stattgefunden haben soll. Oder du lebst in der Nähe von Halbe, einer Gemeinde im Landkreis Dahme-Spreewald in Brandenburg. Dort fand eine der letzten großen Kesselschlachten des Zweiten Weltkrieges statt (zwischen den deutschen und den russischen Truppen). Oder hast du schon mal vom „D-Day" gehört? Am 6. Juni 1944 begann die Landung alliierter Truppen in der Haute Normandie, bei der über 9.000 alliierte Soldaten umkamen.

Geh hin und spüre der Atmosphäre dieses Ortes nach. Fühlt man noch etwas von dem, was hier passiert ist? Was haben die Soldaten wohl gedacht und empfunden? Hatten sie schreckliche Angst vor dem Kampf? Waren sie mutige Helden? Wie würdest du empfinden, wenn du in einen Krieg ziehen müsstest? Bist du dankbar, in einer Zeit des Friedens leben zu dürfen?

Karo

Filmtipps

- Braveheart
- Henry V.
- Der Patriot
- Pearl Harbor
- Der Soldat James Ryan

Bibelvers

„Er weist die Völker zurecht und schlichtet ihren Streit. Dann schmieden sie aus ihren Schwertern Pflugscharen und aus ihren Speerspitzen Winzermesser. Kein Volk wird mehr das andere angreifen und niemand lernt mehr das Kriegshandwerk." (Jesaja 2,4; GN)

Natur

41 Besuch einmal den Himalaja

Wenn man den Begriff „Himalaja" hört, denkt man zuallererst an den Mount Everest, den Dalai Lama oder an Reinhold Messner. Man denkt an so faszinierende Bücher wie „In eisige Höhen" von Jon Krakauer, in denen von der Besteigung des höchsten Berges dieser Erde berichtet wird. Man denkt an die unglaubliche Tatsache, dass sich in diesem Gebirge 10 der 14 Achttausender (d. h. Berge, die 8.000 Meter und höher sind) befinden.

Doch der Himalaja hat noch mehr zu bieten. Leih dir in der Bücherei doch mal einen Reiseführer über den Himalaja aus und besorg dir in einem Reisebüro Kataloge über Trekkingtrips nach Nepal. Darin kannst du von den Menschen lesen, die dort unter den widrigsten Bedingungen leben – sie haben beeindruckende Leistungen vollbracht (denke nur an die riesigen Palastanlagen von Potala; die handwerklichen Fähigkeiten dieser Menschen waren früher in ganz Ostasien bekannt ...) und leben in einer faszinierenden Landschaft. Doch gleichzeitig sind sie auch sehr arm und Kinder müssen dort – wie in vielen Ländern Asiens – bereits in jungen Jahren arbeiten und können nicht zur Schule gehen.

Warum in den Ferien immer nur nach Italien oder Spanien fahren? Warum nicht einmal exotischere Länder und Kulturen entdecken?

In dem von Chinesen besetzten Tibet kannst du die berühmten buddhistischen Pilgerziele Kailash und Manasarovar besuchen (eine Reise zum Kailash ist für den

Buddhisten gleichbedeutend mit einer Fahrt in das heilige Zentrum der Welt). Bei Tsedang befindet sich das Yarlung-Tal – die Wiege der tibetischen Kultur. In der Tempel- und Klosteranlage Samye (in der Nähe von Lhasa), dem ältesten Kloster des Landes, wurden die ersten Tibeter zu Mönchen geweiht. Und dann thront hoch über der tibetischen Hauptstadt noch der Potala-Palast, die Residenz der tibetischen Gottkönige, der Dalai Lamas ...

Auch in Nepal gibt es viele historischen Bauten und Ausgrabungsstätten. Wenn man gerne wandert, dann ist dies vor der atemberaubenden Bergkulisse des Himalaja natürlich besonders beeindruckend. Man kann auch Nationalparks besuchen oder auf Safari gehen und bedrohte Tierarten beobachten. Und wenn du es gerne etwas sportlicher hast, dann bieten sich Rafting-, Mountainbike- und natürlich Trekking-Touren an.

Gott hat diese Welt unglaublich vielfältig erschaffen – und sie hat mehr zu bieten als das, wir uns ausmalen können oder was wir „normalerweise" immer in unseren Ferien besuchen.

Nicole

Filmtipps

- Sieben Jahre in Tibet
- Kundun
- Little Buddha

Bibelvers

„Ich hebe meine Augen auf zu den Bergen. Woher kommt mir Hilfe? Meine Hilfe kommt vom Herrn, der Himmel und Erde gemacht hat. Er wird deinen Fuß nicht gleiten lassen, und der dich behütet, schläft nicht."
(Psalm 121,1–3; LÜ)

Natur

42 Pflanz einen Baum und besuche ihn jedes Jahr

Vielleicht hast du ja schon mal die alte Redewendung gehört, dass ein Mann „ein Haus bauen, einen Sohn zeugen und einen Baum pflanzen“ sollte. Es geht darin um die Dinge, die ein Mann (im Zeitalter der Emanzipation sollten wir vielleicht auch die Frauen und die Töchter erwähnen) in seinem Leben erreichen sollte.

Und eigentlich finde ich die Idee mit dem Pflanzen eines Baums einfach toll. Mach dich schlau, welche Baumarten es gibt, und überlege dir, an welchen Ort du „deinen“ Lebensbaum pflanzen willst (denn natürlich ist für die Wahl der richtigen Baumart auch der Standort von größter Bedeutung). Willst du eine solide deutsche Eiche pflanzen, eine schnell wachsende Weide oder doch lieber einen Obstbaum, von dem man so richtig was hat?

Dann geh in eine Baumschule und kauf dir einen Setzling, oder erkundige dich bei einem Förster, wo du dir einen jungen Baum ausgraben kannst und wie man das am besten anstellt. Ein paar Tipps zu Standort, Einpflanzen und Pflege wären auch nicht schlecht. Anschließend brauchst du nur noch eine geeignete Stelle, um das gute Stück einzupflanzen. Vielleicht Opas Garten oder ein öffentlich zugängliches Plätzchen?

Bis der junge Baum Wurzeln geschlagen hat, braucht er noch etwas Pflege (wässern, düngen), doch danach kannst du ihn sich selbst überlassen und ihn nur noch einmal jährlich besuchen, um zu sehen, um wie viel Zentimeter er gewachsen ist. Als Termin bietet sich zwar der Neujahrstag an, aber andererseits sind die meisten Bäume dann kahl – also vielleicht doch keine gute Idee.

Du könntest deinen Baum in jeder Jahreszeit aus dem gleichen Winkel fotografieren und seine Entwicklung dokumentieren. Vielleicht kannst du ja ein Baum-Album anlegen und zu jedem Foto das Jahr dazuschreiben und dir ein paar Gedanken machen, was in diesem Jahr bei dir so alles innerlich „gewachsen" ist.

Irgendwann kannst du dann auf „deinen" Baum hinaufklettern, die Initialen von dir und deiner großen Liebe in die Rinde deines Baums ritzen und ihn noch viel später mal deinen Kindern zeigen ...

Karo

Filmtipps

- Ein Baum wächst in Brooklyn
- Das Haus am See

Bibelvers

„Er gleicht einem Baum, der am Wasser steht; Jahr für Jahr trägt er Frucht, sein Laub bleibt grün und frisch. Was immer ein solcher Mensch unternimmt, es gelingt ihm gut." (Psalm 1,3, GN)

Geistliches/Reisen

43 Nimm an einem Missionstrip oder an einer Entwicklungshilfe-Aktion teil

Eine meiner Bekannten lebt seit vielen Jahren als Missionarin in China, wo es bekanntermaßen gar nicht so einfach ist, von Jesus zu erzählen. Irgendwann beschloss ich, sie einmal zu besuchen – und ehe ich mich versah, stand ich mit einem Rucksack voller frommer Bücher an einem Grenzübergang zwischen Hongkong und dem eigentlichen China. Da ich sehr offensichtlich kein Chinese bin, hätten mir – wenn man mich erwischt hätte – nur zwei Dinge geblüht: Man hätte mir vor der Einreise die Bücher abgenommen oder mich eventuell gar nicht ins Land gelassen. Es war also nicht wirklich brandgefährlich – aber mir haben trotzdem ganz schön die Knie geschlottert!

Wenn man in so einer Situation eines lernt, dann zu beten. Dafür, dass man möglichst unauffällig aussieht, dass der riesige Rucksack auf den eigenen Schultern plötzlich winzig klein wirkt ... aber vor allem dafür, dass die Bücher, die man ins Land schmuggelt, Leben verändern.

Doch als ich dann am Zielort angelangt war und die Menschen die „Schmuggelware" glücklich in Empfang nahmen, spürte ich plötzlich, dass ich ein Teil von etwas Größerem war, dass ich zu einer Familie gehöre, die überall zu Hause ist – zur Familie der Christen.

Du musst natürlich nicht gleich bis nach Asien fliegen, um dies zu spüren, aber die Begegnungen mit neuen Kulturen und der Einsatz zum Wohl von Menschen, die nicht so privilegiert sind wie wir – das sind Erfahrungen, die dein ganzes Leben prägen. Ich kenne jedenfalls niemanden, der auf so einem Einsatz war und den es kaltgelassen hat! Die meisten reden nach einer solchen Aktion wochen- oder monatelang von nichts anderem mehr und fahren immer wieder irgendwohin, um anderen zu helfen.

Reise doch zum Beispiel mal mit „Habitat for Humanity“ nach Rumänien oder Guatemala, um Häuser für Menschen in Not zu bauen. Bewirb dich um ein Praktikum oder hilf ehrenamtlich bei der ARCHE in Berlin-Hellersdorf (oder ihren anderen Niederlassungen), die sich um Kinder aus sozial schwachen Familien kümmert. Oder geh auf einen Kurzzeiteinsatz von Operation Mobilisation (OM) oder JMEM (Jugend mit einer Mission).

Oder noch naheliegender: Vielleicht haben die Mitglieder deines Jugendkreises ja Lust, in einer örtlichen Suppenküche zu helfen oder alleinerziehenden Müttern in deiner Gegend ihre Unterstützung anzubieten. Es gibt auch hier, quasi direkt vor unserer Haustür, genügend Leute, die Hilfe zu schätzen wissen.

Sprich mit Freunden aus der Gemeinde über dieses Thema. Vielleicht könnt ihr euch ja zusammentun, um dieses Projekt anzugehen. Informationen über Einsätze findest du auch in christlichen Zeitschriften wie „Neues Leben“ oder „dran“.

Nicole

Filmtipp

- Der ewige Gärtner

Bibelvers

„Geht liebevoll und barmherzig miteinander um! Die Witwen und Waisen, die Armen und die Ausländer sollt ihr nicht unterdrücken! Schmiedet keine bösen Pläne gegeneinander!“ (Sacharja 7,9–10; Hfa)

Bildung

44 Begleite die Entwicklung eines Frosches von der Kaulquappe bis zum fertigen Frosch

Es ist wirklich genial zu beobachten, wie aus einem Froschei erst eine Kaulquappe und dann ein Frosch wird. Die Entwicklung dauert etwa 10 bis 12 Wochen und du kannst sie hautnah bei dir zu Hause mitverfolgen! Dazu musst du nur im späten Frühjahr in stehenden Gewässern nach Froschlaich Ausschau halten. Froschkaulquappen sind bräunlich-goldfarben, Krötenkaulquappen schwarz. Es ist allerdings aus Naturschutzgründen verboten, mehr als drei Kaulquappen oder Eier aus einem Gewässer zu entfernen – also: schön Maß halten und vorsichtig sein. Ist ja auch logisch ... Wenn da jeder käme und Hunderte zukünftiger Fröschlein entfernen würde, wären die schnell ausgestorben.

Im Einzelnen brauchst du für diese Aktion:

- ein großes Glas, ein Aquarium oder eine Plastikwanne,
- Sand, Kies, Wasserpflanzen bzw. ein Stück ausgestochenen Rasen, etwas Treibholz, Wasser und evtl. etwas Fischfutter aus dem Zoogeschäft,
- ein paar Froschkaulquappen.

Jetzt musst du das Behältnis „bepflanzen" und halb mit Wasser füllen. Anfangs brauchen die Kaulquappen noch kein Land, später, wenn sie Beine bekommen, solltest du weniger Wasser und mehr „Land" zur Verfügung stellen. Am besten stellst du das Gefäß nach draußen (in den Garten oder auf den Balkon). Allerdings sollte es etwas geschützt stehen, sonst bekommen die Kaulquappen unter Umständen „Besuch" von Katzen und Vögeln. Im Warmen gedeihen die Tierchen übrigens nicht oder nur schlecht, also schön draußen und im Halbschatten lassen!

Spätestens wenn aus den Kaulquappen Mini-Frösche geworden sind, musst du sie unbedingt wieder in den ursprünglichen Teich oder das Gewässer, aus dem du sie „entführt" hast, zurückbringen, damit sie sich richtig weiterentwickeln können.

Karo

Filmtipp

- Die lustige Welt der Tiere

Bibelvers

„Dann sprach Gott: ‚Das Wasser soll von Leben wimmeln, und in der Luft sollen Vögel fliegen!' So schuf Gott die Seeungeheuer und alle Arten von Wassertieren, ebenso jede Art von Vögeln und geflügelten Tieren. Und Gott sah das alles an: Es war gut." (1. Mose 1,20–21; GN)

45 Schreib einen Brief an eine geliebte Person

Als man die letzten Telefonate analysiert hat, die die Passagiere in den Flugzeugen geführt haben, die am 11. September 2001 entführt wurden, hat man festgestellt, dass es in keinem dieser Anrufe um einen letzten Geschäftsabschluss oder ein neues Haus, Auto oder etwas anderes ging, das unbedingt noch erworben werden musste. In jedem dieser Gespräche mit Ehefrauen und -männern, Kindern und Eltern, Freunden und Freundinnen ging es nur um eines: darum, dieser Person noch einmal zu sagen, wie sehr man sie liebt.

Am Ende unseres Lebens, wenn wir uns – hoffentlich – auf das Wesentliche besinnen, ist es egal, wie viel Geld auf unserem Konto ist, welches Auto wir fahren, wie viele Bücher, CDs oder DVDs in unseren Regalen stehen, ob sich das *Adidas*- oder das *Nike*-Logo auf unseren Turnschuhen befindet oder unsere Shirts von einem angesagten Label stammen. Am Ende unseres Lebens kommt es nur darauf an, dass wir geliebt haben und geliebt wurden.

Wenn dir das irgendwie bekannt vorkommt, dann liegt das daran, dass das schon der Prediger aus dem Alten Testament wusste: „Der Mensch plagt sich ab sein Leben lang, doch was bringt es ihm ein? Hat er irgendeinen Gewinn davon? Generationen kommen und gehen, nur die Erde bleibt für alle Zeiten bestehen! […] Das Auge sieht sich niemals satt, und auch das Ohr hat nie genug gehört. […] Ich beobachtete, was auf der Welt geschieht, und erkannte: Alles ist vergebliche Mühe – gerade so, als wollte man den Wind einfangen“ (Prediger 1,3–4.8.14; Hfa).

Vielleicht kennst du ja den folgenden Spruch: „Stell dir vor, du hättest nur noch einen Tag zu leben. Wen würdest du anrufen und was würdest du sagen?“

Vielleicht fällt dir sofort dein großer Schwarm ein, den du schon seit Wochen aus der Ferne anschmachtest – aber natürlich wagst du nicht, ihn anzusprechen –, vielleicht deine Eltern, mit denen du in letzter Zeit immer wieder Zoff hattest, weil sie einfach keine Ahnung haben, was in deinem Leben im Augenblick abläuft. Vielleicht ist es ein Exfreund/eine Exfreundin, mit dem/der du dich versöhnen solltest, oder irgendein Schulkamerad/Kollege, der dir das Leben schwermacht.

Stell dir vor, du hättest nur noch einen Tag zu leben. Wem würdest du schreiben und was würdest du sagen?

Und warum wartest du noch?

Nicole

Filmtipp

- Il Postino – der Postmann

Bibelvers

„‚Du sollst deinen Nächsten lieben wie dich selbst.‘ Es ist kein anderes Gebot größer als dieses.“ (Markus 12,31; LÜ)

Geistliches

46 Bete ein Jahr lang für ein Land oder ein Ereignis ... und lass dich überraschen!

Traurige, dunkle Augen in einem ausgezehrten Kindergesicht – solche Bilder lassen niemanden kalt. Und natürlich finden wir es alle furchtbar schlimm, dass in Afrika Kinder verhungern. Aber andererseits ist Afrika weit weg und man kann als Einzelperson wenig tun.

Das muss aber nicht so bleiben. Abgesehen von einer Patenschaft für ein Kind in der Dritten Welt (siehe Punkt 21) gibt es auch noch eine andere Möglichkeit: Such dir doch mal ein bestimmtes Land in Afrika (oder anderswo in der Dritten Welt) aus – vielleicht eins, zu dem du schon irgendeinen Bezug hast, weil du jemanden dort kennst oder es dich aus irgendeinem anderen Grund beschäftigt – und bete jeden Tag gezielt für die Zustände und Menschen in diesem Land.

Dazu musst du dich nur ein bisschen mit der Geschichte und den momentanen dortigen Problemen beschäftigen – wie ist zum Beispiel die politische Lage in Burkina Faso (okay, da geht es wirklich heftig zu) oder in Kenia? Welches sind die Hauptprobleme (AIDS, Armut, Kriminalität?), und was müsste passieren, damit sich das Leben der Menschen verbessert? Du könntest für das Staatsoberhaupt „deines“ Landes beten, für die dortigen Christen und ihre Möglichkeiten, Einfluss zu nehmen und positive Veränderungen zu bewirken. Dazu kannst du z. B. den Newsletter eines christlichen Hilfswerks (EBM, Masa, ora international) abonnieren, das in dem Land tätig ist, und konkret und namentlich für die Missionare,

Lehrer usw. beten, die dort für diese Werke unterwegs sind. Denk dabei ruhig „groß“ – schließlich ist unser Gott in seinen Möglichkeiten unbegrenzt und kann Wunder tun. Was wäre das abgefahrenste Gute, was dort geschehen müsste, sich aber niemand in seinen kühnsten Träumen auszumalen wagt? Und halte das Ganze möglichst konkret („Herr, segne alle Missionare in Afrika“ ist etwas zu vage ☺). Je persönlicher du wirst, desto besser kannst du überprüfen und verfolgen, was sich tut.

Eines kann ich dir versprechen: Irgendetwas wird in diesem Jahr passieren! Vielleicht wird das eine oder andere Gebet von dir konkret erhört, vielleicht passiert ein ausgewachsenes Wunder ... aber ganz sicher wird dein eigenes Herz ein Stück weiter und größer, und dir wird ein wenig mehr klar, dass du nicht allein auf der Welt bist.

Als ich diesen Eintrag verfasst habe, erhielt ich übrigens eine Mail von einem Freund aus England. Darin ging es um eine Gebetskette, die dafür betet, dass – man glaubt es kaum – Osama bin Laden ein paulusartiges Erlebnis hat! Warum eigentlich nicht für ein Ereignis beten, das so unwahrscheinlich ist, dass es sich nur um ein Wunder Gottes handeln kann, wenn es tatsächlich geschieht?

Karo

Filmtipps

- Hotel Ruanda
- Der ewige Gärtner
- Blood Diamond

Bibelvers

„Ich habe auch gesehen, wie viel Ausbeutung es in dieser Welt gibt. Die Unterdrückten weinen, aber niemand trocknet ihre Tränen. Niemand hilft ihnen, denn ihre Unterdrücker haben die Macht.“ (Prediger 4,1; GN)

Sonstiges

47 Fang an, Tagebuch zu schreiben

Der Autobiografie des lateinamerikanischen Literaturnobelpreisträgers Gabriel García Márquez gehen die folgenden Worte voraus:

„Nicht was wir gelebt haben, ist das Leben, sondern das, was wir erinnern und wie wir es erinnern, um davon zu erzählen."

Das Tagebuchschreiben – jedenfalls das, was wir darunter verstehen –, hat sich bei uns erst zwischen dem 14. und 17. Jahrhundert entwickelt. Erst in dieser Zeit wurden die Menschen sich bewusst, dass sie nicht Teil einer anonymen Masse waren, sondern Individuen. Sie sehnten sich plötzlich danach, ihre Eindrücke von Ereignissen und Erlebnissen und ihre Meinung über bestimmte Dinge zu Papier zu bringen.

Vor allem im 20. Jahrhundert wurde das Tagebuchschreiben dann immer populärer. Ausnahmesituationen wie die beiden Weltkriege und die politische und soziale Isolation während der NS-Diktatur veranlassten die Menschen, zunehmend ihre Erlebnisse in Tagebüchern niederzuschreiben.

Viele bereits vor langer Zeit entstandene Tagebücher geben noch heute Einblick in das Leben und Fühlen ihrer Schreiber. Und die Bandbreite ist groß: Du kannst in den Tagebüchern von Goethe und Schiller ebenso schmökern wie in den Aufzeichnungen von Anne Frank oder im Fußball-WM-Tagebuch „Deutschland. Ein Sommermärchen“.

In den vergangenen Jahren, als immer mehr Menschen einen Internetzugang bekamen, hat sich das Ganze dann weiterentwickelt. Die moderne Form von Tagebüchern sind Weblogs, in denen von oberflächlichen Ereignissen bis zu detaillierten Informationen zu spezifischen Themen wie Büchern, Kinos oder Programmierung alles zu finden ist.

Wir möchten dich einladen, selbst die „Kunst des Tagebuchschreibens“ zu entdecken – ob du nun lieber mit der Hand in ein Notizbuch schreibst, lieber am PC arbeitest oder sogar ein Weblog mit Texten, Bildern und Videoclips anlegen willst. Kauf dir einfach ein leeres Notizbuch, lade eine entsprechende Tagebuch-Software herunter (z. B. „Secure Diary“, „Tagebuch Professional“ oder „TSTagebuch“) oder leg dir ein Weblog zu (z. B. bei Blogger.com, antville.de oder blogg.com). Ein solches Tagebuch könnte dabei helfen, dir darüber bewusst zu werden, wie und womit du deine Zeit verbringst, ob du sinnlos durchs Leben treibst oder ein konkretes Ziel verfolgst. Es hilft, dir über deine Gefühle und Meinungen klarzuwerden oder Dinge festzuhalten, die dir zu diesem Zeitpunkt deines Lebens wichtig sind ...

Es ist übrigens auch unglaublich interessant, deine eigenen Gedankengänge und Ansichten ein paar Jahre später wieder zu lesen und zu vergleichen, wie du die Dinge inzwischen siehst und was aus deinen einstigen Träumen und Plänen geworden ist!

Sehr erhellend ist auch ein Gebetstagebuch, in dem du festhältst, welche Gebetsanliegen du hast und auch, ob und wie deine Gebete erhört wurden. Du wirst staunen, was da passiert und wie viel du gar nicht mitbekommen hättest, wenn du es nicht aufgeschrieben hättest.

Nicole

Filmtipp

- Das Tagebuch der Anne Frank

Bibelvers

„König Nebukadnezzar schrieb einen Brief an die Menschen aller Nationen, Völker und Sprachen auf der ganzen Erde. Er lautete: Glück und Frieden euch allen! Mit diesem Schreiben möchte ich überall bekannt machen, was für große Wunder der höchste Gott an mir getan hat. Seine Taten sind staunenerregend, seine Wunder unvergleichlich. Sein Reich bleibt für immer bestehen, seine Herrschaft nimmt kein Ende." (Daniel 3,31–33; GN)

48 Mach einem Freund oder einer Freundin ein ganz besonderes Geschenk

Vielleicht hast du den Film „Elizabethtown" mit Kirsten Dunst und Orlando Bloom gesehen. Darin macht ein Mädchen ihrem Freund ein ungewöhnliches Geschenk: Für seine Fahrt quer durch die USA schneidet sie ihm ein ganzes „Œuvre" an Kassetten zusammen, die er jeweils passend zur Fahrtstrecke hören soll – komplett mit ausgefeilter Routenplanung, Tipps zu Sehenswürdigkeiten am Weg, empfehlenswerten Restaurants und Motels, Storys und Geschichten und ihren eigenen Gedanken – und natürlich mit jeder Menge passender Musik, sozusagen dem „Soundtrack zur Fahrt". Einfach nur wow!

Auch in „Die fabelhafte Welt der Amelie" macht sich die Heldin eine Riesenmühe, um den Mann ihres Herzens zu beeindrucken: In einer aufwendigen und reichlich verwirrenden „Schnitzeljagd" schickt sie ihn durch halb Paris und führt ihn schließlich auf ihre Fährte.

Zwei Beispiele für total individuelle, höchstpersönliche und damit extrem liebevolle Ideen ... Das ist doch etwas ganz anderes, als dem Freund eine CD oder irgendein eigentlich überflüssiges „Gadget" zu schenken. Vielleicht fällt dir ja auch etwas so Einmaliges ein, das du einem guten Freund oder einer guten Freundin statt dem nächsten einfallslosen Last-Minute-Präsent zum Geschenk machen könntest (dazu muss der oder die Betreffende übrigens nicht einmal zwingend Geburtstag haben ... eben einfach nur mal so). Es muss ja auch nicht gleich etwas Filmreifes sein.

Ich habe zum Beispiel meiner besten Freundin mal eine Art Gedicht geschrieben, um ihr für ihre Freundschaft zu danken. Das war sicher nicht perfekt, aber sie hat sich unheimlich gefreut und hält mein Meisterwerk bis heute in Ehren.

Und als ein Kollege zum ersten Mal Vater wurde, haben wir einen „Kochplan" aufgestellt und ihn und seine Frau die ersten drei Wochen nach der Geburt rundum bekocht, damit sie sich wenigstens darum keine Gedanken machen mussten.

Wenn du scharf nachdenkst, fällt dir bestimmt etwas ein, das der- oder diejenige sich wirklich wünscht oder über das er bzw. sie sich total freuen würde.

Weitere (teilweise nicht ganz billige) Ideen für außergewöhnliche Geschenke und Aktionen findest du auch auf den beiden folgenden Websites:

www.geschenkpark.de
www.jochen-schweizer.de

Karo

Filmtipps

- Elizabethtown
- Die fabelhafte Welt der Amelie

Bibelvers

„Weil ich meine Brüder und Freunde liebe, sage ich: ‚Ich wünsche dir Glück und Frieden.'" (Psalm 122,8; GN)

Sonstiges

49 Lass dir von deinen Groß- oder Urgroßeltern erzählen, wie es im Krieg war

Falls du noch Großeltern oder Urgroßeltern hast, die den Zweiten Weltkrieg miterlebt haben, lass dir, sofern sie dazu bereit sind, von ihnen mal erzählen, wie das damals war.

Wir haben in unserem Land schon so lange Frieden, dass wir uns überhaupt nicht mehr vorstellen können, wie es ist, in der totalen Unsicherheit und Bedrohung eines Krieges zu leben, wie unsere Groß- bzw. Urgroßeltern es zeitweise mussten. Jeden Moment konnte eine Bombe das eigene Haus treffen, niemand wusste, wie die Zukunft aussah. Überall lauerten Gefahren, und es war normal, dass man die elementarsten Dinge nicht bekommen konnte – nicht einmal etwas zu essen. Unzählige Menschen mussten bei Nacht und Nebel ihre Heimat verlassen – nur mit einem kleinen Handwagen oder auf einer Kutsche, und das auch noch im tiefsten Winter und ohne zu wissen, wo sie eigentlich hin sollten. Ganz zu schweigen davon, dass man sich vermutlich vor dem Kommen des Briefträgers gefürchtet hat, der viel zu häufig die Nachricht brachte, dass jemand in Frankreich, Norwegen oder Russland „für Führer, Volk und Vaterland" gefallen war. Und selbst die Menschen, die aus dem Krieg zurückkehrten, waren auf die eine oder andere Weise für immer gezeichnet.

Es herrschten aber nicht nur Angst und Not, sondern es gab auch einen wahnsinnigen Zusammenhalt unter den Menschen, und die Liebesgeschichten, die in Kriegszeiten entstanden sind, sind oft die spannendsten, die es gibt. Meine Großmutter hat immer gerne von illegalen Schlachtfesten erzählt oder davon, dass sie die obligatorische Ausgabe von Hitlers „Mein Kampf" im Klo hinuntergespült hat, als die Amis dann vor der Tür standen. Aber das Coolste: Halte dir vor Augen, dass deine Oma oder dein Opa oder Urgroßonkel Karl damals vermutlich auch Teenager oder zumindest noch ziemlich jung waren – also sehr nah dran an dem, wie du heute so eine Situation erleben würdest.

Auf jeden Fall hat niemand, der einen Krieg erlebt hat, diese Zeit je vergessen – und du solltest die Geschichte auch kennen. Wenn du keine Großeltern mehr hast, die dir ihre Story berichten können, oder wenn du das Erzählte noch vertiefen willst, kannst du auch auf Filme zurückgreifen, zum Beispiel auf die Mehrteiler „Die Flucht" oder „Dresden", die einem die Zeit des Krieges sehr lebendig vor Augen führen. Und Bücher, in denen Leute von ihren Kriegserlebnissen erzählen, gibt es wie Sand am Meer – vielleicht haben deine Eltern oder Großeltern sogar das eine oder andere im Regal stehen.

Karo

Filmtipps

- Die Flucht
- Dresden
- Der Pianist
- Das Leben ist schön

Bibelvers

„In diesem Vertrauen haben unsere Vorfahren gelebt und dafür bei Gott Anerkennung gefunden. […] *Sie entrannen dem Tod durch das Schwert. Sie waren schwach und wurden stark. Im Kampf wuchsen ihnen Heldenkräfte zu."* (Hebräer 11,2.34; GN)

50 Verbring einen Tag im Bett

Kommt dir das bekannt vor: Morgens – wahrscheinlich irgendwann zwischen sechs und sieben – klingelt der Wecker und reißt dich aus den schönen Träumen von Stefan, der in der Schule zwei Reihen hinter dir sitzt und ausgesprochen süß aussieht, oder von dem neuen Audi R8. Du drehst dich auf die andere Seite und stöhnst – vielleicht drückst du auch noch ein-, zweimal auf die „Schlummertaste", denn nur die Verrückten stehen schon beim ersten Klingeln auf. Am liebsten würdest du im Bett bleiben. Es ist so schön kuschelig und mollig dort, während da draußen die große, böse Welt auf dich wartet – die Matheaufgaben, eine Franzprüfung oder ein nerviger Vorgesetzter –, und außerdem regnet es noch. Und: Was wäre, wenn heute einer der Tage ist, an denen du mit dem falschen Fuß zuerst aufstehst?

Ach, wäre es nicht schön, mal nichts tun zu müssen? Im Bett zu bleiben? Die Welt einfach mal Welt sein zu lassen?

Vermutlich wirst du feststellen, dass es im ersten Moment unglaublich gemütlich und richtig und menschlich erstrebenswert ist. Doch wie sieht es nach ein paar Stunden aus? Bekommst du Rückenschmerzen oder wird dir unendlich langweilig? Ist es wirklich das, was du wolltest? Oder erwartet dich in der „großen, bösen Welt" vielleicht doch das wahre Leben? Stell dir einmal vor, jemand würde sein Leben immer auf diese Weise verbringen – vielleicht nicht gerade im Bett, aber irgendwie doch abgeschnitten vom Leben. Unter Umständen kann das nämlich ausgesprochen unbefriedigend sein.

Außer vielleicht, du heißt John Lennon oder Yoko Ono. Die haben sich nämlich 1969 Journalisten in ihren Flitterwochen im Amsterdamer Hilton-Hotel im Bett präsentiert und behaupteten, das sei ein Bed-In für den Weltfrieden.

Aber lass dich trotz allem einladen: Zieh den Stecker deines Telefons raus, und sag deinen Eltern Bescheid, dass die Welt sich heute einmal ohne deine Mithilfe weiterdrehen wird. Stelle einen Stapel Bücher, die du schon immer mal lesen wolltest, in greifbare Nähe; schnapp dir ein paar actionreiche oder schmalzige DVDs und rücke deinen Fernseher so zurecht, dass du vom Bett aus einen guten Blick hast; deck dich aber vor allem mit leckeren Lebensmitteln ein: frische Brötchen mit Marmelade oder Nutella, Süßigkeiten und kleingeschnittenes Obst, eine Kanne Kaffee oder Tee ... und dann kuschel dich unter deine Decke.

Nicole

Filmtipp

- John & Yoko's Year of Peace

Bibelvers

„Dann wandte sich Jesus an alle und sagte: ‚Wer mir folgen will, muss sich und seine Wünsche aufgeben, muss Tag für Tag sein Kreuz auf sich nehmen und auf meinem Weg hinter mir hergehen. Denn wer sein Leben retten will, wird es verlieren. Wer aber sein Leben um meinetwillen verliert, gerade der wird es retten. Was hat ein Mensch davon, wenn er die ganze Welt gewinnt, aber zuletzt sich selbst verliert oder sich doch schweren Schaden zufügt?'" (Lukas 9,23–25; GN)

Persönlichkeit

51 Steh für etwas ein, auch wenn es unbequem wird

Der Film „Königreich der Himmel" hat mich sehr beeindruckt. Orlando Bloom spielt darin den einfachen Schmied Balian, der mit den Kreuzrittern ins Heilige Land zieht und es dort zu einer gewissen Berühmtheit bringt, und zwar nicht, weil er so ein großartiger Kämpfer ist, sondern weil er immer wieder – im Kleinen wie im Großen – die richtigen Entscheidungen trifft und für das einsteht, was er als richtig erkannt hat – koste es, was es wolle.

Schließlich wird ihm sogar angeboten, mit Hilfe von ein paar halb legalen Tricks dem sterbenden König auf den Thron zu folgen und dessen Schwester Sybilla zu heiraten, die er heimlich liebt. Doch er schlägt dieses verlockende Angebot aus – wieder, weil er etwas anderes für richtig hält und dieses Ziel konsequent verfolgt.

Davon würde ich mir gern eine Scheibe abschneiden, wenn zum Beispiel das nächste Mal im Freundeskreis fröhlich über jemanden gelästert wird, der nicht anwesend ist – und ich entweder mitmache oder zumindest nichts dagegen unternehme, obwohl ich eigentlich der Überzeugung bin, dass Lästern eine sehr üble Sache ist und niemandem etwas bringt, sondern nur verletzt.

Oder wenn bei einem netten Abend im Biergarten das Gespräch auf den Glauben kommt und jemand sich darüber auslässt, wie dämlich man sein muss, um an Gott zu glauben – und ich versucht bin, die Klappe zu halten, weil ich die Stimmung nicht vermiesen will.

Was gibt es, was du als richtig erkannt hast und trotzdem nicht wirklich konsequent umsetzt? Wo müsstest du eigentlich aufstehen und auf den Tisch hauen, traust dich aber nicht? An welcher Stelle bist du einfach zu bequem, um dich dem Gegenwind zu stellen?

Versuch einfach das nächste Mal, wenn du in einer solchen Situation bist, wirklich für deine Überzeugung einzustehen. Du wirst feststellen, dass du hinterher wirklichen Frieden in dir spüren wirst, der wesentlich angenehmer ist als das ungute Gefühl, dass sich sonst wahrscheinlich eingestellt hätte. Darüber hinaus wird es auch Auswirkungen auf die Leute um dich herum haben. Es macht nämlich meist durchaus Eindruck auf andere, wenn sie merken, dass du zu deinen Überzeugungen stehst: „Dieser Typ ist kein Fähnchen im Wind. Der steht zu seinem Wort." Und solche Menschen sind eigentlich jedem angenehmer als Leute, auf die kein Verlass ist.

Karo

Filmtipp

- Königreich der Himmel

Bibelvers

„Wer sich vor den Menschen zu mir bekennt, zu dem werde auch ich mich bekennen am Gerichtstag vor meinem Vater im Himmel. Wer mich aber vor den Menschen nicht kennen will, den werde auch ich am Gerichtstag vor meinem Vater im Himmel nicht kennen."
(Matthäus 10,32–33; GN)

Reisen

52 Schwimm mit Delfinen im offenen Meer

Warum diese intelligenten Meeressäuger eine solche Faszination auf uns Menschen ausüben – keine Ahnung! Aber kaum jemand kann sich dem Zauber dieser Tiere entziehen. Und in der Therapie verhaltensgestörter oder schwer kranker Kinder bewirken sie regelrechte Wunder.

Auch wenn du vermutlich zu jung bist, um mit „Flipper" aufgewachsen zu sein oder Luc Bessons Meisterwerk „Im Rausch der Tiefe" auswendig zu kennen wie gewisse Personen, die wir hier nicht namentlich nennen wollen – einmal mit Delfinen im Meer zu schwimmen (nicht in so einem Mini-Pool im Delfinarium, in dem die Tiere ein eher trauriges Dasein fristen) gehört unbedingt auf unsere Liste.

Ich hatte mal das Glück, bei einem Schnorchel-Ausflug in Kenia wilde Delfine beobachten zu können, die mit unserem Boot regelrecht gespielt haben, minutenlang neben, vor und unter uns her getaucht und gesprungen sind und uns anscheinend genauso spannend fanden wie wir sie. Später beim Schnorcheln haben sie uns dann umkreist und weiterhin hoch interessiert beobachtet. Die Laute, die sie ausstießen, schienen der Kontaktaufnahme zu dienen. Absolutes Gänsehautfeeling (und besonders angenehm, weil angeblich Haie nicht in der Nähe von Delfinen schwimmen ☺)!

Du musst aber gar nicht bis nach Afrika fahren, um so etwas zu erleben. Auch vor den beliebten Balearen-Inseln

Teneriffa und Co. gibt es wild lebende Delfine, die man besuchen kann!

Aber noch eine Warnung: Trotz des hohen Schmusefaktors dieser Wasserlebewesen solltest du sie nicht unterschätzen. Auf den Bahamas erzählt man, dass im Jahr mehr Menschen durch die „Einwirkung" von Delfinen ums Leben kommen als durch Haiangriffe!

Karo

Filmtipps

- Im Rausch der Tiefe
- Flipper

Bibelvers

„Dann sprach Gott: ‚Nun wollen wir Menschen machen, ein Abbild von uns, das uns ähnlich ist! Sie sollen Macht haben über die Fische im Meer, über die Vögel in der Luft, über das Vieh und alle Tiere auf der Erde und über alles, was auf dem Boden kriecht.'" (1. Mose 1,26; GN)

53 Besuch eine Gemeinde, die ganz anders ist als deine

Viele Christen gehen ihr ganzes Leben lang in ein und dieselbe Gemeinde – und oftmals entscheiden junge Christen sich selbst dann, wenn sie aufgrund des Studiums oder aus beruflichen Gründen umziehen müssen, für eine Gemeinde derselben Denomination. Daran ist an sich nichts auszusetzen – solange wir nicht glauben, dass „unsere" Gemeinde die einzig wahre ist. Es gibt so viele verschiedene Formen, seinen Glauben auszuleben, wie es Menschen gibt. Das Spektrum reicht von orthodoxen Gemeinden mit einer sehr strukturierten Liturgie über evangelische Kirchen, „gutbürgerliche" Freikirchen und mehr oder weniger stark charismatisch geprägte Gemeinden bis hin zu Jugendkirchen und abgefahrenen Gemeinschaften wie den „Jesus Freaks". Es gibt Megakirchen mit Tausenden von Mitgliedern und winzige Hausgemeinden und natürlich einiges dazwischen. In manchen Gemeinden kennen sich die Mitglieder kaum persönlich, andere teilen praktisch ihr ganzes Leben miteinander. Warum nicht mal deinen Horizont erweitern und dir eine Gemeinde anschauen, die völlig anders ist als die, die du bisher kennengelernt hast?

Natürlich wollen wir jetzt nicht von dir verlangen, dass du alles über den Haufen wirfst, was du bisher gemacht hast, aber wie wäre es, wenn du dir – beispielsweise als Mitglied einer eher traditionellen Freien Evangelischen Gemeinde – mal eine richtig charismatische Pfingstgemeinde anschaust und dort an einem Gottesdienst teilnimmst? Vielleicht findest du es anfangs etwas befremdlich, wenn die Leute während des Anbetungsteiles aufstehen, ihre Hände heben oder sich hinknien. Eventuell findest du es auch etwas seltsam, dass die Gottesdienste etwas länger dauern oder dass es einen Teil gibt, in dem die Gottesdienstbesucher Gelegenheit haben, sogenannte „Eindrücke“ weiterzugeben oder von ihren Erlebnissen mit Gott zu erzählen. Aber vielleicht imponiert es dir auch, dass Christen offen vor anderen Menschen von ihrer Beziehung zu Gott berichten oder davon, dass Gott direkt zu ihnen spricht.

Oder du könntest dir mal den traditionellen, liturgischeren Gottesdienst einer katholischen Kirche anschauen, in dem alles seit Jahrhunderten eine bestimmte Ordnung, einen bestimmten Ablauf hat. Dir erscheint dieser feste Ablauf unter Umständen etwas langweilig, weil du das Gefühl hast, dass Gottes Handeln kein Raum gelassen wird. Aber Christen, die regelmäßig in Gottesdienste mit fester Liturgie gehen, sagen oft, dass genau dieser „geführte“ Ablauf ihnen hilft, innerlich zur Ruhe zu kommen und sich auf Gott einzustimmen. Die Lieder, die gesungen werden, sind oftmals schon Hunderte von Jahren alt – aber vielleicht spürst du ihnen ja auch ab, dass sie von Menschen verfasst wurden, die tiefe Erlebnisse mit Gott gemacht und diese in poetische Worte gefasst haben.

Probier es einfach einmal aus – vielleicht bekommst du ja auch neue Impulse für dein eigenes Glaubensleben. Informiere dich im Telefonbuch, im Internet oder bei deinem Pastor darüber, welche unterschiedlichen Gemeinden es in deinem Heimatort gibt und wann dort Gottesdienste gefeiert werden.

Nicole

Filmtipps

- Der Besuch
- Glauben ist alles

Bibelvers

„Sie alle widmeten sich eifrig dem, was für sie als Gemeinde wichtig war: Sie ließen sich von den Aposteln unterweisen, sie hielten in gegenseitiger Liebe zusammen, sie feierten das Mahl des Herrn, und sie beteten gemeinsam. [...] *Alle, die zum Glauben gekommen waren, bildeten eine enge Gemeinschaft und taten ihren ganzen Besitz zusammen.* [...] *Tag für Tag versammelten sie sich einmütig im Tempel, und in ihren Häusern hielten sie das Mahl des Herrn und aßen gemeinsam, mit jubelnder Freude und reinem Herzen. Sie priesen Gott und wurden vom ganzen Volk geachtet. Der Herr aber führte ihnen jeden Tag weitere Menschen zu, die gerettet werden sollten."*
(Apostelgeschichte 2,42.44.46–47; GN)

Persönlichkeit

54 Verfasse an Silvester einen Brief mit drei guten Vorsätzen an dich selbst, und bitte jemanden, ihn dir ein halbes Jahr später zu schicken

Klingt etwas kompliziert, ist es aber nicht (wenn du den Auftrag nicht gerade deiner chaotischsten Freundin erteilst). Du kannst den Brief ja schon adressieren und frankieren, dann ist der Aufwand für deinen „Postboten" geringer.

Sich zum Jahreswechsel ein paar positive Veränderungen vorzunehmen ist eigentlich eine gute Sache – bloß lehrt einen die Erfahrung, dass die guten Vorsätze meist spätestens Mitte Januar schon wieder komplett vergessen sind. Wie viele von uns haben schon am 31. Dezember beschlossen, weniger Süßigkeiten zu essen, mehr Obst und Gemüse zu sich zu nehmen, nicht mehr zu rauchen, mehr Sport zu treiben, ach, ein ganz anderer Mensch zu werden – aber erfahrungsgemäß schreien uns die letzten weihnachtlichen Plätzchen zu, dass wir sie essen sollen, oder es ist draußen einfach zu kalt zum Joggen. Oder man hat irgendwelche anderen fadenscheinigen Ausreden, warum man es doch nicht anpackt.

Da wäre es doch ganz gut, wenn man noch rechtzeitig zur „Halbzeit" daran erinnert würde – und zwar von sich selbst. Falls du in der Umsetzung deiner Vorsätze noch nicht besonders erfolgreich warst oder sie gar unter den Tisch fallen lassen hast, ist jetzt noch genug Zeit, einen neuen Anlauf zu wagen. Das Wetter ist auf jeden Fall besser als im Winter, und der bevorstehende Sommerurlaub bietet vielleicht noch einen weiteren Ansporn und auch die nötige Zeit, dich mal wieder fit zu machen.

Mal ganz davon abgesehen ist es ein äußerst ulkiges Gefühl, von sich selbst Post zu bekommen!

Karo

Filmtipps

- Der Prinz und ich
- Das Haus am See
- Message in a Bottle
- Broken Flowers

Bibelvers

„Durch seine Macht führe er alle eure guten Vorsätze und euer Wirken aus dem Glauben heraus zur Vollendung."
(2. Thessalonicher 1,11; GN)

55 Tu etwas Gutes, von dem niemand je etwas erfährt

In unserer Gesellschaft wird der Wert eines Menschen nicht nur durch das bestimmt, was er besitzt, sondern auch durch seine (berufliche) Tätigkeit (und da natürlich auch durch den Lohn, den er für seine Aufgabe erhält). Hast du einen Job, bist du was, hast du keinen, bist du nichts. Das ist sicher auch der Grund, warum es vielen so schwerfällt einzugestehen, dass sie arbeitslos sind, bzw. warum viele mit Beginn ihrer Rente in ein tiefes Loch fallen. Oft haben sie mehr als 40 Jahre lang ihre gesamte Energie in ihre Arbeit gesteckt und sich nur darüber Anerkennung und Bestätigung geholt, sodass sie nun plötzlich nicht mehr wissen, was sie mit sich anfangen sollen.

Denk mal einen Augenblick lang darüber nach, warum und für wen du dich einsetzt. Für deine Lehrer oder deine Eltern? Für deinen Arbeitgeber? Lernst du, um später dick Kohle zu verdienen? Natürlich ist Geldverdienen an sich nichts Schlechtes, aber wenn Arbeit zum Selbstzweck wird, dann läuft irgendwas verkehrt.

Das gilt aber natürlich nicht nur für den Job. Auch in anderen Bereichen haben wir das Gefühl, dass wir erst dann etwas zählen, wenn wir die Anerkennung und Dankbarkeit der anderen einheimsen.

Natürlich ist es schön, wenn man jemandem etwas Gutes tut und diese Person einem dann dankbar ist. Aber das darf nicht zum Selbstzweck werden. Darüber hinaus ist es mit dieser Form von Bedeutung nicht weit her. Sie ist ausgesprochen kurzlebig und zerbrechlich – wie eigentlich immer, wenn wir versuchen, unseren Wert von Dingen oder Äußerlichkeiten abzuleiten.

Etwas Gutes zu tun, ohne dass jemand davon erfährt, ist eigentlich recht einfach, aber du wirst dich wundern, wie schwer es dir fällt, etwas zu tun und keinen Dank und keine Anerkennung dafür zu bekommen!

Du könntest etwas für deine Mutter/deinen Vater erledigen, das diese schon lange vor sich herschieben oder einfach nicht schaffen. Du könntest klammheimlich das Laub im Garten deiner Nachbarn harken.

Vorzugsweise solltest du dein Vorhaben im Schutz der Dunkelheit in die Tat umsetzen. Stell aber vorher sicher, dass du nicht in Verdacht gerätst, etwas Illegales zu tun. Nicht, dass du noch für deine guten Taten in den Knast wanderst!

Und „es niemandem erzählen" heißt wirklich *niemandem!* Auch nicht der besten Freundin/dem besten Freund. Derjenige, auf den es hierbei wirklich ankommt, hat es sowieso gesehen. Und mal ehrlich: Das Wissen, dass du etwas wirklich Gutes getan hast, ist auch ohne dankbares Schulterklopfen ganz schön, oder? Genau deshalb hat uns Jesus in der Bibel übrigens dazu aufgefordert, anderen Leuten zu dienen – nicht, weil die anderen unsere Hilfe so dringend brauchen, sondern weil es für uns selbst einfach gut ist!

Nicole

Filmtipp

- Das Glücksprinzip

Bibelvers

„Wenn du aber jemandem hilfst, dann soll deine linke Hand nicht wissen, was deine rechte tut; niemand soll davon erfahren. Dein Vater, der alles sieht, wird dich dafür belohnen." (Matthäus 6,3–4; Hfa)

56 Assistier mal bei jemandem, der (d)einen „Traumberuf" ausübt

Welchen Beruf du ergreifen willst, ist eine unglaublich wichtige Entscheidung, die dein ganzes Leben prägen wird. Deshalb kann man sich um das Thema gar nicht früh und intensiv genug Gedanken machen.

Was ist dein persönlicher Traumberuf? Musiker? Schauspieler? Pilot? Profisportler? Grafikdesigner? Fotomodell? Hundetrainer? Weinbauer?

Hör dich doch mal in deinem Bekannten- bzw. Verwandtenkreis um, ob jemand jemanden kennt, der diesen Beruf ausübt. Sprich oder schreib diese Person höflich an, ob du sie vielleicht mal einen Tag oder eine Woche bei der Arbeit begleiten darfst (soweit das technisch möglich ist), um zu sehen, wie dieser Beruf im Alltag tatsächlich ist. Pass gut auf und löchere den Betreffenden ruhig mit Fragen, damit du dir ein möglichst realistisches Bild machen kannst, wie alles läuft, welche Voraussetzungen man für den Beruf erfüllen muss und wie groß die Chancen sind, dass man überhaupt einen Fuß in die Tür kriegt.

Vielleicht entpuppt sich dein vermeintlicher Traumberuf als gar nicht so toll, oder er hat zumindest Seiten, von denen du nichts geahnt hast. Vielleicht merkst du aber auch, dass das tatsächlich genau dein Ding sein könnte, und du kannst schon mal Kontakte knüpfen oder dich gezielter darauf ausrichten, später diesen Beruf anzustreben (zum Beispiel mit der Wahl deiner Fächer in der Schule/Uni oder durch Berufspraktika oder zusätzliche Seminare oder Lehrgänge).

Übrigens gibt es auch viele spannende Berufe, von denen du noch gar nicht weißt, dass sie überhaupt existieren. Oder hast du schon mal etwas von Mediamatikern oder Recyclisten gehört? Eine Auflistung aller möglichen Berufe findest du beim örtlichen Arbeitsamt. Eine solche Liste und viele andere spannende Fragebögen und Tipps in Sachen Berufsfindung sind übrigens auch im Buch „Power Check“[8] enthalten.

Karo

Filmtipp

- Auf die harte Tour

Bibelvers

„Arbeitet so bereitwillig, als würdet ihr Gott dienen und nicht Menschen.“ (Epheser 6,7; NL)

---

[8] Paul Donders, Michaela Kast: Power Check. Asslar: Gerth Medien, 2005.

Sonstiges

57 Probier Nahrungsmittel, die du eigentlich nicht magst

Als ich noch bei meinen Eltern gelebt habe, gab es eine ganze Reihe von Nahrungsmitteln, die ich absolut nicht essen wollte. Meine Mutter hatte beispielsweise eine Schwäche für Sauerkraut und Saufüßchen. Yup, das sieht genauso eklig aus, wie es klingt. Und da sie bei einem Metzger gearbeitet hat, hat sie auch immer wieder mal eine Zunge mitgebracht und zum Mittagessen gekocht. Du kannst dir sicher lebhaft vorstellen, wie eine Achtjährige reagiert, wenn da plötzlich eine Ochsenzunge auf ihrem Teller liegt. Am Stück. Und an Ostern gab es bei uns immer Hirnwurst – aber mittlerweile war meine Mutter so klug und hat die einfach „kindgerecht" umbenannt. „Osterwurst" hieß sie bei uns. Ganz schön clever, was?

Es gibt eben so gewisse Dinge, die zwar essbar sind, aber einfach nicht jedermanns Sache – ob es nun am Geschmack, am Namen oder am Aussehen liegt. Hast du die folgenden Nahrungsmittel schon mal probiert? Spinat, Paprika, Oliven, Rosenkohl, Sardellen, Schnecken, Austern, Froschschenkel, Hummer, Känguru, Krokodil, Strauß, Schlange, Kaviar, Sushi, Hai, Leber ...

Ich persönlich kann mit japanischem Essen überhaupt nichts anfangen. Sushi – örks. Trotzdem: Man sollte alles mal probieren. Auch wenn es von der Optik her nicht unbedingt verlockend aussieht (was man von Sushi ja wirklich nicht behaupten kann, das sieht meiner Meinung nach viel besser aus, als es schmeckt). Und lass dich nicht davon abhalten, etwas zu probieren, nur weil du es schon einmal irgendwann versucht hast. In diesem Fall gilt: Einmal ist keinmal. Vielleicht war dein Testobjekt beim ersten Versuch einfach nicht besonders gut oder die Zubereitung hat nicht gestimmt, beziehungsweise eine andere Art der Zubereitung passt besser zu deinen Geschmacksnerven. Manche Sachen beginnen einem auch erst nach einer gewissen Gewöhnungsphase zu schmecken – dafür dann oft umso besser!

Übrigens verändert sich auch der Geschmack im Lauf des Lebens. Wenn du mit 15 keine Oliven magst, kann es sein, dass sie dir mit 25 plötzlich schmecken.

Also immer mal wieder mutig zuschlagen, wenn exotische oder „unbeliebte" Speisen auf dem Tisch stehen. Nicht umsonst gelten einige Sachen als Delikatessen, die dir zunächst nur ein Naserümpfen entlockt haben.

Karo/Nicole

Filmtipps

- Babettes Fest
- Pretty Woman
- Delikatessen

Bibelvers

„Darum soll sich der Mensch an die Freude halten. Er soll essen und trinken und sich freuen; das ist das Beste, was er bekommen kann unter der Sonne, während des kurzen Lebens, das Gott ihm schenkt." (Prediger 8,15)

Geistliches

58 Nutze die Fastenzeit für „Sieben Wochen ohne ...“

Wenn du dich in einer Buchhandlung oder im Internet umschaust, wirst du eine Menge Infos darüber finden, warum es sinnvoll sein kann, einen Tag, ein Wochenende oder auch mal eine Woche weniger Nahrung zu sich zu nehmen oder ganz darauf zu verzichten. Natürlich geht es dabei nicht nur ums Abnehmen. Viele versprechen sich von einer Zeit des Fastens auch mehr Willenskraft, seelisches Gleichgewicht, ein bisschen mehr Demut oder auch eine verfeinerte Wahrnehmung. Mahatma Gandhi ist beispielsweise in einen Hungerstreik getreten, um die Engländer dazu zu bewegen, ihre Kolonialherrschaft in Indien zu beenden.

Die christliche Fastenzeit hingegen hängt mit einem bestimmten Zeitpunkt zusammen: Sie beginnt an Aschermittwoch, endet in der Osternacht (insgesamt sind das 40 Tage) und dient als Vorbereitung auf die Osterfeierlichkeiten. Sie ist eine Zeit der Buße und der Umkehr – die Zeit, die man durch den Verzicht auf gewohnte Aktivitäten einspart, sollte man dazu nutzen, verstärkt mit Gott in Kontakt zu treten und über sein Leben nachzudenken.

Keine Sorge, wir wollen dich an dieser Stelle nicht auffordern, dein Frühstück Frühstück sein zu lassen oder keine Pizza mehr zu essen. Denn wer sagt schon, dass sich Fasten immer auf Nahrungsmittel beziehen muss?

Gerade in den vergangenen Jahren sind viele dazu übergegangen, in der Fastenzeit nicht auf Essen, sondern auf andere Dinge zu verzichten, die ihrer Meinung nach zu viel Raum in ihrem Leben einnehmen: Viele essen in dieser Zeit zum Beispiel keine Süßigkeiten und verkneifen sich Kaffee, Tee oder Alkohol. Andere dagegen schränken alltägliche Gewohnheiten wie Fernsehen, Musik hören oder Computer spielen ein und meiden Kneipen- oder Discobesuche.

Was ist die *eine* Sache, auf die du deiner Meinung nach nur sehr schwer verzichten kannst? Erinnerst du dich noch an das erste Gebot? „Du sollst außer mir keine anderen Götter verehren" (2. Mose 20,3; Hfa). Gibt es in *deinem* Leben andere „Götter"? Was nimmt in deinem Leben unverhältnismäßig viel Raum ein? Dein PC? Der Internetzugang? Deine Spielekonsole? Dein Handy? Oder bist du ein verkappter Schokoholiker und brauchst jeden Morgen erst einmal eine dick mit Nutella bestrichene Scheibe Brot, bevor man dich auf die Welt loslassen kann? Schleppst du immer mindestens einen Schokoriegel in deiner Tasche herum?

Du könntest dir im Gegenzug in diesen sieben Wochen auch etwas gutes Neues angewöhnen, wie beispielsweise täglich etwas für deine Seele zu tun, indem du ein Andachtsbuch liest, ein Gebetstagebuch führst oder Ähnliches (es gibt auch viele Bücher extra für die Fastenzeit, zum Beispiel das geniale Andachtsbuch „Gesprengte Mauern" von Adrian Plass, Brendow Verlag, Moers). Oder du könntest auch ganz praktisch etwas für deine Gesundheit tun: Gewöhn dir beispielsweise an, morgens als Erstes ein paar Dehnübungen zu machen oder mit dem Fahrrad zur Schule zu fahren.

Nicole

Filmtipps

- Gandhi
- Vierzig Tage und vierzig Nächte

Bibelvers

„Ihr sagt: ‚Mir ist alles erlaubt!' Mag sein, aber nicht alles ist gut für euch. Alles ist mir erlaubt; aber das darf nicht dazu führen, dass ich meine Freiheit an irgendetwas verliere." (1. Korinther 6,12; GN)

Sonstiges

59 Unternimm mal etwas ganz Romantisches ...

Eine Gondelfahrt in Venedig. Ein Spaziergang unter dem Pariser Eiffelturm. Ein Abendessen bei Kerzenschein. Ein Sonnenuntergang am Palmenstrand in der Karibik. Ein Heiratsantrag mit Kniefall und im Nachtisch verstecktem Ring ... all das sind Dinge, bei denen die meisten Leute (na gut, *Frauen*) einen verklärten Blick bekommen und nur so dahinschmelzen.

Natürlich ist es eigentlich sehr subjektiv, was man als besonders romantisch empfindet. Aber einige der oben genannten Dinge assoziiert man sofort damit. Warum werden diese Dinge eigentlich allgemein als Gipfel der Romantik empfunden? Und warum finden andere Leute etwas, das du als unheimlich romantisch siehst, total kitschig und umgekehrt? Und kann man romantische Momente herbeiführen, indem man den äußeren Rahmen dafür schafft?

Das wirst du nur herausfinden, wenn du es selbst mal ausprobierst!

Zumindest den Part mit dem Heiratsantrag in einer venezianischen Gondel samt singendem Gondoliere habe ich schon selbst erleben dürfen, und ich muss zugeben, dass es zwar einerseits ein bisschen surreal und kitschig, aber andererseits auch unheimlich schön war! Und Venedig hat tatsächlich einen ganz besonderen Zauber, den man nicht in Worte fassen kann.

Die Romantik als Kulturepoche (ca. 1790–1840) entstand als Gegenbewegung zum Rationalismus der Aufklärungszeit – hat also ganz viel mit Gefühl, Schönheit, Fantasie und den Sinnen zu tun, mit dem Nicht-Greifbaren und Nicht-Rationalen. Und vielleicht ist es auch genau das, was romantische Augenblicke ausmacht – etwas, das man nicht rational erklären kann, sondern das direkt im Herzen ankommt.

Übrigens muss man romantische Dinge nicht unbedingt in trauter Zweisamkeit tun – auch wenn man Romantik meist sofort mit „Liebe" assoziiert. Man kann auch total romantische Augenblicke mit der besten Freundin oder mit einer Gruppe Kumpels oder sogar mit Gott erleben – eben solche „special moments", bei denen es einem eiskalt den Rücken runterläuft und in denen einfach alles stimmt. Zum Beispiel der Abend am Lagerfeuer bei der Sommerfreizeit, an dem jemand spontan zur Gitarre greift und ihr gemeinsam eure Lieblingshits schmettert ... oder eine Gelegenheit, bei der du sozusagen ein Augenzwinkern von Gott in Form einer unverhofften Begegnung oder Gebetserhörung bekommst ...

Karo

Filmtipps

- French Kiss
- Kate & Leopold
- Only you – Nur für dich
- Emma

Bibelvers

„Suche dein Glück beim Herrn: Er wird dir jeden Wunsch erfüllen. Überlass dem Herrn die Führung in deinem Leben; vertrau doch auf ihn, er macht es richtig!"
(Psalm 37,4 GN)

Sonstiges

60 Verkleide dich mal als alter Mensch

Spätestens seit Anne Rices Roman „Interview mit einem Vampir" mit Brad Pitt und Tom Cruise in den Hauptrollen verfilmt wurde, sind die Geschöpfe der Nacht wieder „in" und man stößt heute überall auf sie – im Kino, im Fernsehen und in Romanen. Warum üben Wesen, die den Rest ihres Lebens in der Dunkelheit verbringen müssen, eine so große Faszination auf die Menschen aus? Um es mit einem Zitat aus der Kultserie „Buffy, die Vampirjägerin" zu sagen: „Live fast, die young and leave a good looking corpse."[9]

Die Menschen wollen ihr Leben auf der Überholspur leben, sie wollen so viel wie nur irgend möglich aus den etwa 80 Jahren herausholen, die ihnen rein statistisch vergönnt sind – und dabei wollen sie auch möglichst lange möglichst jugendlich aussehen. Wir müssen uns bloß die Promis anschauen, die uns von den Covers der Zeitschriften oder den Leinwänden der Kinos anstarren. Zweifellos hat sich fast jeder von ihnen schon mindestens ein Mal unters Messer gelegt, um sich eine Nase korrigieren, die Brüste vergrößern oder die Falten glätten zu lassen.

Und ob wir es wollen oder nicht: Wir lassen uns in gewissem Maß von dieser Haltung anstecken. Doch früher war das anders. Damals musste man noch nicht wie ein knackiger Fünfundzwanzigjähriger aussehen, wenn man an seinem Lebensende im Sarg aufgebahrt wurde. Da-

---

[9] Lebe schnell, sterbe jung und lasse einen ansehnlichen Leichnam zurück

mals wurden alte Menschen noch nicht in Altersheime abgeschoben, wo sie vor dem Fernseher versauerten. Damals musste man nicht unbedingt jung und sexy sein, um etwas zu gelten.

Falls du in einer Gegend wohnst, wo man Karneval oder Fasching feiert und du Lust hast, mal mitzumachen: Wie wäre es, wenn du mal nicht als feuriger Pirat, hübsche Prinzessin oder sexy Vampir auftauchst, sondern als alter Mann bzw. alte Frau? Es gibt auch sogenannte „Alterssimulatoren", die es dir ermöglichen, ganzheitlich in die Erfahrungswelt älterer Menschen einzutauchen und diese zu erforschen. Sie bestehen aus einem Overall, in dem u. a. Gewichte befestigt sind, was dir einen Eindruck davon vermitteln soll, wie sehr die Kräfte alter Menschen nachlassen. Hinzu kommen noch Gehördämpfer und ein Spezialvisier, die dich nachempfinden lassen, wie sehr das Hör- und Sehvermögen der Menschen irgendwann einmal nachlassen werden. Vielleicht vermittelt dir das ja einen kleinen Einblick darein, was es heißt, nicht mehr „jung und knackig" zu sein?!

Nicole

Filmtipps

- Rendezvous mit Joe Black
- Der Tod steht ihr gut
- Wer früher stirbt, ist länger tot
- Sterben für Anfänger
- Interview mit einem Vampir

Bibelvers

„Als du jung warst, hast du deinen Gürtel selbst umgebunden und bist gegangen, wohin du wolltest; aber wenn du einmal alt bist, wirst du deine Hände ausstrecken, und ein anderer wird dich binden und dich dorthin bringen, wohin du nicht willst." (Johannes 21,18 GN)

Abenteuer

61 Mach mal die Nacht durch und betrachte den Sonnenaufgang

In meiner Kindheit hat mein Vater einmal etwas ausgesprochen Cooles gemacht: Damals war ich Mitglied im CVJM und fuhr einmal im Jahr zum traditionellen Kreisjungschartag, wo sich die Jungschargruppen aus der ganzen Gegend an einem Wochenende trafen, um irgendwelche Spiele zu spielen, einander zu necken oder einfach nur viel Spaß zu haben.

In diesem betreffenden Jahr hatte mein Vater irgendwo in den Untiefen unseres Speichers ein altes Zelt gefunden und beschlossen, einfach – wegen der alten Zeiten (er war in seiner Jugend nämlich auch in einer solchen Gruppe gewesen) und Aufsichtspersonen sind ja immer gefragt – mal mitzukommen. Und so haben wir uns dann ein Zelt geteilt und er hat nachts mit den „Jungs" am Lagerfeuer gesessen. Für mich war das etwas ganz Besonderes (auch wenn ich ihm das nie gesagt habe).

Hast du das auch schon mal gemacht? Eine Nacht mit Schlafsack am Strand, auf einem Berg oder einfach im Vorgarten verbracht? Oder bist du mal am Lagerfeuer sitzen geblieben, bis die Vögel morgens wieder angefangen haben zu zwitschern und die Sonne sich langsam den Horizont hinaufschob?

Falls nicht: Das gehört unbedingt zu den erlebenswerten Dingen. Noch dazu ist es einfach, kostengünstig und fast jederzeit umzusetzen.

Ein Tipp: Je früher im Leben du das machst, desto besser. Wenn du erst mal die 30 überschritten hast, wirst du merken, dass es gar nicht mehr so einfach ist, eine Nacht nicht zu schlafen und trotzdem noch halbwegs menschlich durch den Tag zu kommen. ☺

Und dieser Punkt ist auch einer derjenigen auf unserer Liste, die sich am besten in guter Gesellschaft erleben lassen. Erstens, weil es dann viel leichter fällt, wach zu bleiben – aber vor allem, weil man ein Gegenüber hat, mit dem man dieses Erlebnis teilen kann.

Nicole

Filmtipps

- Before Sunrise
- Before Sunset

Bibelvers

„Wach auf, mein Herz! Harfe und Laute, wacht auf, denn heute will ich die Sonne wecken!“ (Psalm 57,9; GN)

Geistliches

62 Segne einen Feind

Jesus hat ja unpraktischerweise gesagt, dass wir unsere Feinde lieben sollen, und das hat er nicht nur mal zufällig an einer Stelle getan, sodass man es noch überlesen könnte, sondern immer wieder, sodass man davon ausgehen kann, dass es ihm ziemlich ernst damit war:

„Euch, die ihr mir zuhört, sage ich: Liebt eure Feinde; tut denen Gutes, die euch hassen; segnet die, die euch verfluchen, und betet für alle, die euch schlecht behandeln. [...] *Warum erwartet ihr von Gott eine Belohnung, wenn ihr nur die liebt, die euch auch lieben? Das tun sogar die Menschen, die nicht nach dem Willen Gottes fragen. Warum erwartet ihr von Gott eine Belohnung, wenn ihr nur die gut behandelt, die euch auch gut behandeln? Das tun auch die hartgesottensten Sünder.* [...] *Nein, eure Feinde sollt ihr lieben! Tut Gutes und leiht, ohne etwas zurückzuerwarten! Dann bekommt ihr reichen Lohn: Ihr werdet zu Kindern des Höchsten. Denn auch er ist gut zu den undankbaren und schlechten Menschen."* (Lukas 6,27–28.32–33.35; GN)

„Wenn Menschen euch das Leben schwermachen, so betet für sie, statt ihnen Schlechtes zu wünschen."
(Römer 12,14; Hfa)

Ziemlich unmissverständlich, oder? Wie so vieles, was in der Bibel steht, scheint das zunächst ein unüberwindlicher Anspruch zu sein – eine Forderung, bei der sich einem die Fußnägel aufrollen: einen Feind segnen?! Ja, geht's noch?

Definiere zunächst mal „Feind“: Ein Feind ist nicht nur jemand, den du nicht besonders leiden kannst, sondern jemand, der aktiv gegen dich arbeitet, dir schadet und dich angreift. Gibt es so eine Person in deinem Leben? Wie könnte es aussehen, wenn du diese Person segnen würdest? Wenn du also ihr oder ihm Gutes wünschen und die Liebe Gottes auf sie „herabbeten“ würdest?

Ich kann mir lebhaft vorstellen, dass sich jetzt in dir alles dagegen sträubt – aber überwinde deinen inneren Schweinehund und versuch's einfach mal ... Du wirst staunen, was für eine Lawine du damit lostreten wirst! Wie so oft wirst du die tollsten Auswirkungen zuerst bei dir selbst bemerken. Es könnte gut sein, dass sämtliche negativen Gefühle, die du dieser Person entgegengebracht hast, auf rätselhafte Weise verschwinden und durch so Unglaubliches wie Interesse, Mitgefühl oder gar Zuneigung ersetzt werden. Und plötzlich ist es gar nicht mehr wichtig, ob sich auch dein Feind verändert ...

Karo

Filmtipps

- The Mission
- Der Sohn
- Le Prix du Pardon – Der Preis der Vergebung
- Spurwechsel

Bibelvers

„Vergeltet Böses nicht mit Bösem, und gebt Beleidigungen nicht wieder zurück! Im Gegenteil, segnet eure Beleidiger, denn Gott hat euch dazu berufen, seinen Segen zu empfangen.“ (1. Petrus 3,9; GN)

Sonstiges

63 Tu eine Stunde lang absolut gar nichts

Als wir darüber gesprochen haben, wer sich über welche Themen dieses Buches Gedanken machen darf, blieb das Thema „Tu eine Stunde lang absolut gar nichts“ irgendwie an mir hängen. Aber schon meine erste Reaktion darauf war ziemlich bezeichnend für die heutige Zeit: „Wie soll ich denn darüber etwas schreiben? Ich weiß doch gar nicht, wie das geht?!“ Ich konnte mir beim besten Willen nicht vorstellen, eine Stunde lang absolut gar nichts zu tun!

Wenn ich morgens aufstehe, schalte ich das Radio ein, damit es in meiner Wohnung nicht so still ist. Tagsüber verbringe ich 9 bis 10 Stunden im Büro – und wenn mein Chef mich dabei erwischen würde, dass ich dabei *nichts* tue, wäre er wohl *not amused!* Nach der Arbeit gehe ich einkaufen, erledige Behördengänge oder muss zum Arzt. Wenn ich nach Hause komme, fahre ich meinen PC hoch, surfe im Internet oder verfasse E-Mails. Ich schaue mir die Nachrichten an und viel zu viele viel zu schlechte Filme, telefoniere mit Freunden oder lese ein Buch – aber *nichts tun* ... Geht das überhaupt?

Viele Leute bekommen auch sofort ein schlechtes Gewissen, wenn sie einfach mal nur im Garten sitzen und die Sonnenstrahlen genießen – haben sie überhaupt eine Lebensberechtigung, wenn sie nichts „schaffen“? Oder sie vermeiden bewusst „Stand-by-Pausen“, um nicht nachdenken zu müssen ... über das, was man so macht, was gut läuft und was man sich eigentlich anders vorgestellt hatte.

Nimm dir doch mal deinen Kalender vor und vereinbare einen Termin mit dir selbst. Schalte das Handy, das Radio und den Fernseher aus – und dann tu nichts. Lieg auf dem Bett und schau an die Decke. Sitz auf dem Balkon, und schaue den Autos zu, die an deinem Haus vorüberfahren. Betrachte die Fische im Aquarium oder das Feuer im Kamin. Geh in den Wald, setz dich auf eine Bank, blicke einfach nur in die Ferne ... Lass die Seele baumeln und die Gedanken schweifen, aber pass auf, dass du nicht um irgendwelche Sorgen kreist oder an Dinge denkst, die du gleich noch erledigen musst. Am Anfang wird dir das sicher nur ein paar Minuten gelingen, aber auch das ist Übungssache. Kultiviere einfach mal das Nichtstun – und lass dich überraschen, wie viele gute Ideen, ungeahnte Lösungsansätze und Fingerzeige Gottes dir in dieser Zeit kommen.

Denn ob du es glaubst oder nicht: Das Ganze hat auch eine geistliche Komponente. Bei vielen Christen besteht die große Gefahr nämlich nicht darin, dass wir „vom Glauben abfallen“, wie es so schön heißt, sondern dass wir so abgelenkt, in Eile und beschäftigt sind, dass wir überhaupt nicht mehr mitbekommen, wie es uns eigentlich geht. Und schon gar nicht, ob Gott uns vielleicht etwas sagen möchte, das aber im allgemeinen Trubel einfach untergeht. Deshalb: Horch während dieser Stunde einfach mal in die Stille, ob Gott dir nicht etwas sagen will.

Nicole

Filmtipp

- Der Club der toten Dichter

Bibelvers

„Ich bin gekommen, damit sie Leben haben und es in Überfluss haben.“ (Johannes 10,10; RE)

Geistliches

64 Verbrenn einen Geldschein

In dem Buch „Auf der Suche nach dem Sinn und einem guten Essen“ von Mike Riddell hält einer der Bewohner einer WG bei einem gemeinsamen Abendessen einen großen Geldschein an eine Kerze und verbrennt ihn – aua, das tut weh! Die Reaktionen seiner Mitbewohner reichen von Schock über Bedauern bis hin zur Wut. Verständlich. Es ist ja auch irgendwie haarsträubend, schönes, echtes, voll funktionsfähiges Geld zu vernichten.

Warum eigentlich?

Der Prediger hat das vor Tausenden von Jahren schon ganz richtig erkannt:

„Wer am Geld hängt, wird davon nie genug kriegen, und wer den Wohlstand liebt, wird immer von der Gier nach mehr getrieben werden. [...] *Dies alles ist so sinnlos!“* (Prediger 5,9; NL)

Oder um es ganz umgangssprachlich auszudrücken: „Haste was, biste was. Haste nix, biste nix.“ In unserer Gesellschaft sind (finanzieller) Besitz und Identität ganz eng miteinander verbunden. Schließlich liest man ja in den bunten Zeitschriften nichts über Otto Normalverbraucher und Lieschen Müller, sondern nur Geschichten aus dem Leben der Reichen und Schönen.

Doch Jesus hat immer wieder klargemacht, dass es mit dieser Form von Bedeutung nicht weit her ist. Man kann sich das, was Gott uns schenken möchte, nicht kaufen.

Von daher kann es eine gute Übung sein, einfach mal einen Geldschein zu verbrennen.

Du musst ja nicht gleich einen Fuffi abfackeln, aber vielleicht kannst du dich ja von einem Zehner trennen? Beobachte genau, wie du dich dabei fühlst. Tut es so richtig weh? Oder ist dieser Zehner auch nur ein Stückchen Papier?

Was sagt dir das über dein Verhältnis zum lieben Geld?

Übrigens, falls hierzu rechtliche Fragen auftauchen: Ich habe mich natürlich schlau gemacht, ob es überhaupt erlaubt ist, Geld zu verbrennen. Ergebnis: Mit deinem eigenen Geld kannst du in Deutschland machen, was du willst – du darfst es ganz legal foltern, quälen, küssen oder ... eben verbrennen!

Karo

Filmtipps

- Zum Teufel mit den Millionen
- Lola rennt
- Geld stinkt nicht
- Filofax – ich bin du und du bist nichts

Bibelvers

„Denn Geldgier ist die Wurzel alles Bösen. Manche sind ihr so verfallen, dass sie vom Glauben abgeirrt sind und sich selbst viele Qualen bereiteten.“ (1.Timotheus 6,10; GN)

Bildung

65 Entdecke fremde Welten durch ein Mikroskop

Wir richten unseren Blick normalerweise gerne zu den Sternen und spekulieren darüber, ob es wohl irgendwo links hinterm Mond Leben gibt. Aber dadurch entgehen uns unter Umständen all die Wunder, die es hier auf der Erde zu entdecken gibt. Wie wäre es, wenn du deinen Blick mal von der „Makrowelt" zur „Mikrowelt" (nein, wir wollen dich nicht einladen, Mikrowellen-Popcorn beim Aufgehen zuzuschauen) wenden würdest, die nicht weniger faszinierend und mindestens genauso gefährlich ist wie die kleinen grünen Männchen vom Mars.

In Filmen und Büchern wie „Outbreak – Lautlose Killer" oder „The Stand – Das letzte Gefecht" gelingt es winzig kleinen Viren, die Bevölkerung eines Landes in Windeseile zu dezimieren, ohne dass die Menschheit ihnen etwas entgegenzusetzen hat.

Keine Sorge, wir werden dir nicht vorschlagen, in ein Labor einzubrechen und ein paar Killerviren zu klauen. Aber wir wollen dich einladen, unbekannte Welten in dir selbst zu entdecken. Das soll dich daran erinnern, dass es viel mehr gibt als das, was du tagtäglich mit deinen Augen wahrnehmen kannst. In deinem Umfeld, auf und in deinem Körper gibt es nämlich wahre Galaxien zu erforschen, die so komplex, fremdartig und faszinierend sind, wie du es dir vermutlich gar nicht vorstellen kannst.

In der DNA beispielsweise, einem etwa zwei Meter langen Strang in jeder einzelnen deiner Zellen, werden deine sogenannten „Erbinformationen" festgehalten – also die

„Daten", die darüber entscheiden, ob du blond oder brünett, blau- oder grünäugig bist, ob du dich für Bücher interessierst oder lieber Felswände hinaufkletterst. Die mikroskopisch kleine DNA besitzt die verblüffende Fähigkeit, einen riesigen Berg von Informationen in einem aus vier Buchstaben bestehenden chemischen Alphabet zu verschlüsseln; eine Leistung, die bei Weitem die aller anderen bekannten Systeme übersteigt. Ja, ich weiß – solche speziellen Raster-Kraftmikroskope, die dafür nötig wären, deine DNA sichtbar zu machen, sind sehr teuer und sprengen zweifellos deinen Geldbeutel. Aber im Internet findest du auch großartige Aufnahmen von der DNA irgendwelcher anderer Personen. Zumindest rein äußerlich sieht deine wahrscheinlich ziemlich ähnlich aus.

Widmen wir uns also lieber den Dingen, die man auch mit einem handelsüblichen Mikroskop untersuchen kann.

Nicht sehr appetitlich, aber sehr interessant ist es zum Beispiel zu sehen, was sich in einem Tropfen Regenwasser oder an einer Teppichfluse so alles rumtreibt. Oder schau dir eine Zwiebelschuppe unter dem Mikroskop an. Enthäute dazu eine frische Zwiebel und löse eine Zwiebelschuppe ab – ziehe dabei mit einer Pinzette vorsichtig ein dünnes Häutchen ab. Wenn du es dir dann unter dem Mikroskop anschaust, kannst du deutlich den Aufbau einer pflanzlichen Zelle sehen – mit Zellkern, Zellwänden, Kernkörperchen und vielem mehr.

Superspannend ist es auch, Blut, Spucke oder Sperma unter dem Mikroskop zu betrachten. Natürlich umso mehr, wenn man jemanden hat, der einem erklären kann, was man da sieht. Vielleicht hast du einen Onkel, Cousin oder Bekannten, der Arzt, Apotheker oder Chemielaborant ist, sich mit solchen Dingen auskennt und ein Mikroskop besitzt. Falls du keine solche Person kennst, musst du dir selbst helfen. Wozu gibt es schlaue Bücher und das noch viel schlauere Internet?

Allerdings geht wirklich nichts über die eigene Untersuchung mit einem Mikroskop. Wenn es dir so geht wie mir, wirst du dich kaum noch von dem technischen Wunderwerk losreißen können, so faszinierend ist das Ganze!

Nicole

Filmtipps

- Die Reise ins Ich
- Die phantastische Reise
- einige Episoden CSI Las Vegas, Miami oder New York

Bibelvers

„,Wie geht es zu, wenn Gott seine Herrschaft aufrichtet?', fragte Jesus. ,Womit können wir das vergleichen? Es ist wie beim Senfkorn: Wenn es in die Erde gesät wird, ist es der kleinste Same, den es gibt. Aber ist es einmal gesät, so geht es auf und wird größer als alle anderen Gartenpflanzen. Es treibt so große Zweige, dass die Vögel in seinem Schatten ihre Nester bauen.'" (Markus 4,30–32; GN)

66 Reise einmal um die Welt

Ha, ha!, denkst du jetzt vermutlich, *das würde ich ja gerne sofort machen, aber dazu müsste ich erst mal im Lotto gewinnen!*

Aber so teuer ist das gar nicht!

Verschiedene Fluggesellschaften und Konglomerate, zum Beispiel die *Star Alliance, Skyteam* oder *OneWorld* bieten sogenannte *Around-the-World*-Tickets an. Diese kosten in der Basisversion je nach Ausgabeland etwa 2.000 Euro plus Flughafensteuern. Dieses Geld kann man sich mit ein bisschen Vorausplanung gut zusammensparen, auch ohne bei Günther Jauch auf dem Quizstuhl gesessen zu haben.

Man kann sich die Strecke dabei meist frei aussuchen, allerdings gibt es ein paar Bedingungen:

- Atlantik und Pazifik müssen beide mindestens einmal überquert werden.
- Man darf maximal 15 Stopps einlegen (Verbindungsstopps werden dabei nicht eingerechnet).
- Es darf nur in eine Richtung geflogen werden, also nach Osten oder Westen ohne Richtungswechsel oder „kehrt".
- Kein Flughafen darf zweimal angeflogen werden (höchstens drei Verbindungen pro Flughafen).
- Der letzte Flug muss wieder ins Ausgangsland zurückführen.

- Die gesamte Reisedauer beträgt minimal zehn Tage und maximal ein Jahr.

Das klingt zwar im ersten Moment nach vielen Einschränkungen, stört aber den „Grundplan“ nicht weiter. Und das Beste ist: Es gibt keine Altersbeschränkungen. Darüber hinaus kann man seine Route im Internet festlegen und direkt die Tickets kaufen. Auf den Websites http://skyteam.com/DE/benefits/around01/index.jsp oder http://www.staralliance.de/de/travellers/fare_products/round_the_world_fare.html findest du Informationen über das „Around-the-World-Ticket“. Die Sache ist aber recht kompliziert, da es ja all diese Bestimmungen zu beachten gibt, außerdem gibt es versteckte Kosten, notwendige Impfungen oder Visa zu beantragen ... deshalb ist es sicherer, das Ganze über ein Reisebüro zu buchen. Erkundige dich doch einfach mal unverbindlich.

Du könntest dir den Trip zum 18. Geburtstag gönnen (dann gibt's bestimmt auch ein paar Finanzspritzen aus der Familie) oder wenn du deine Ausbildung oder dein Studium abgeschlossen hast. Begeistere deinen besten Freund, deine Cousine oder deinen Lieblingsonkel als Mitfahrer ... und dann auf ins Abenteuer!

Karo

Filmtipp

- In 80 Tagen um die Welt

Bibelvers

„Denn der Herr ist der höchste Gott, der große König über alle Götter: In seiner Gewalt sind die Tiefen der Erde und ihm gehören die Gipfel der Berge. Das Meer gehört ihm – er hat es gemacht, und auch das Land – er hat es geformt.“ (Psalm 95,3–5; GN)

67 Erfinde ein besonderes Gericht und mach es zu deinem Markenzeichen

Ich muss gestehen, dass die Herren Maggi und Knorr und ich die besten Freunde sind. Ihre Tütensoßen und -pülverchen erleichtern mir das Kochen nach Feierabend ungemein. Und selbst als Grundlage für eigene Variationen von Zürcher Geschnetzeltem oder Lasagne sind sie unschlagbar.

Doch wenn ich Gäste habe, dann ist das etwas anderes. Wer würde allen Ernstes seinen Gästen gestehen, dass das Menü, das er ihnen vorsetzt, das Resultat einer Begegnung von Wasser und einem Maggi-Pulver oder Instantsuppe ist? Oder um es mit Leopold aus dem Film „Kate & Leopold" zu sagen:

„Dort, wo ich herkomme, ist ein Mahl das Ergebnis von Überlegungen und Studien. Menüs bedürfen der Vorbereitung, zeitlich perfekt geplant. Man sagt, dass ohne die kulinarischen Künste die Grobheit der Realität unerträglich wäre."

Nicht umsonst sind Sendungen wie „Das perfekte Dinner" heute so beliebt: Man lädt einige Gäste ein und verbringt dann Tage damit, sich über das „perfekte Menü" Gedanken zu machen, die frischesten Zutaten auf Märkten, beim Biobauern oder im italienischen Feinkostladen seines Vertrauens zu erwerben, und dann wird fleißig geschält, geputzt, geschnippelt, gebraten, gekocht, angerührt, püriert ... Und schließlich entsteht ein wunderbares

Menü mit Vorspeise, Hauptgang, Nachtisch und edlen Weinen. Aber das Wichtigste dabei: die Gemeinschaft während des Essens.

Nichts bringt Menschen in einer so lockeren Umgebung besser zusammen als ein gutes Essen (es muss ja nichts Exotisches sein). In unzähligen Bibelstellen wird uns davon berichtet, dass Jesus mit seinen Jüngern und anderen Personen zusammensaß. Und am Beispiel des Zöllners Matthäus können wir nachlesen, was passiert, wenn Jesus im Haus eines Menschen einkehrt – und dieser dann eine Party schmeißt (nachzulesen in Matthäus 9,9–10). Jesus hat also offensichtlich ebenfalls gern gut gegessen. Und auch der Autor des Buches Prediger (König Salomo) kommt immer wieder darauf zu sprechen, dass gut essen zu den größten Freuden des irdischen Daseins zählt.

Statt also das nächste Mal wieder bei McDonald's oder der Dönerbude einzukehren, denk dir doch mal dein ganz eigenes Spezialrezept aus. Du kannst ja als Basis eines aus einem Kochbuch nehmen und es dann nach deinen Vorstellungen verfeinern, verbessern, mit exotischen Zutaten aufpeppen oder auf andere Weise „tunen". Deine Freunde sind sicher gerne bereit, Versuchskaninchen zu spielen.

Nicole

Filmtipps

- Babettes Fest
- Bella Martha
- Rezept zum Verlieben
- Ratatouille
- Zimt & Koriander
- Eat Drink Man Woman

Bibelvers

„Alle, die zum Glauben gekommen waren, bildeten eine enge Gemeinschaft und taten ihren ganzen Besitz zusammen. Von Fall zu Fall verkauften sie Grundstücke und Wertgegenstände und verteilten den Erlös unter die Bedürftigen in der Gemeinde. Tag für Tag versammelten sie sich einmütig im Tempel, und in ihren Häusern hielten sie das Mahl des Herrn und aßen gemeinsam, mit jubelnder Freude und reinem Herzen." (Apostelgeschichte 2,44–46; GN)

68 Lauf bei einem Marathon mit

An verschiedenen Stellen in der Bibel wird unser Leben mit einem Marathonlauf verglichen, in dem Durchhaltevermögen und Ausdauer entscheidend sind. Um eine solche Erfahrung ganz praktisch werden zu lassen, ist es toll, einmal im Leben an einem echten Marathon teilzunehmen. Na gut, einen Halbmarathon lassen wir auch gelten.

Ein Marathonlauf geht über 42,195 Kilometer und ist zugleich die längste olympische Laufdisziplin in der Leichtathletik. Die Bezeichnung stammt aus einer Legende, der zufolge ein Läufer sich nach dem Sieg der Athener in der Schlacht von Marathon auf den knapp 40 Kilometer langen Weg nach Athen gemacht hat und dort nach der Verkündung seiner Botschaft *„Freut euch, wir haben gesiegt!"* tot zusammengebrochen ist. (Na ja, das klingt nicht besonders ermutigend ☺, aber tatsächlich sterben nur sehr wenige Menschen bei oder nach Marathons ...)

Wenn du körperlich gesund und fit bist, sollte sich das mit entsprechendem Training schaffen lassen. Aber bitte geh vorher zu einem Arzt, lass dich checken, und such dir dann einen Trainer oder erfahrenen Läufer als Unterstützung, damit du nicht deine Gesundheit ruinierst! Und: Viele, die das erste Mal bei einem Marathon mitmachen, *gehen* einen Teil der Strecke. Das ist keine Schande – ankommen ist alles!

Ein besonderes Muss für alle Marathonläufer ist der

New-York-Marathon, bei dem auch jeder teilnehmen darf. Du musst aber nicht in die Ferne schweifen; es gibt auch in Deutschland genügend große Marathonläufe (zum Beispiel in Berlin oder Frankfurt).

Erfahrungsgemäß laufen Marathonläufer übrigens etwa bei Kilometer 32 gegen eine „Wand" – dann nämlich hat ihr Körper alles Glykogen abgebaut, das er speichern konnte (Glykogen entsteht aus aufgenommenen bzw. gespeicherten Kohlenhydraten und Fetten). Ab diesem Punkt wird das Laufen dann merklich schwieriger, da der Läufer zusehends müder wird.

Irgendwie erinnert mich das auch an den Lauf, von dem Paulus in seinem ersten Brief an die Korinther spricht. Denn das Leben ist auch ein Langstreckenlauf, und wenn man es angeht wie einen Sprint, sieht es fürs Finish nicht gut aus. Wenn man nicht dafür gesorgt hat, dass die „Beine" (dein Lebensfundament) tragfähig sind und dass man Mitläufer zur Seite hat, die einen mitziehen, kann es ganz schön hart werden, das Rennen zu Ende zu laufen.

Karo

Filmtipps

- Forrest Gump
- Die Stunde des Siegers

Bibelverse

„Aber die auf den Herrn harren, kriegen neue Kraft, dass sie auffahren mit Flügeln wie Adler, dass sie laufen und nicht matt werden, dass sie wandeln und nicht müde werden." (Jesaja 40,31; L)

„Ihr wisst doch, dass an einem Wettlauf viele teilnehmen; aber nur einer bekommt den Preis, den Siegeskranz. Darum lauft so, dass ihr den Kranz gewinnt! Alle, die an ei-

nem Wettkampf teilnehmen wollen, nehmen harte Einschränkungen auf sich. Sie tun es für einen Siegeskranz, der vergeht. Aber auf uns wartet ein Siegeskranz, der unvergänglich ist. Darum laufe ich wie einer, der das Ziel erreichen will.“ (1. Korinther 9,24–26; GN)

69 Besuch die höchsten Gebäude der Welt

Spätestens seit dem Turmbau zu Babel sind Menschen davon fasziniert, immer höhere Gebäude in die Welt zu setzen – wenn man auch heutzutage nicht mehr das Ziel verfolgt, Gott im Himmel Konkurrenz zu machen. Heute geht es eher darum, die Grenzen des Möglichen auszutesten. Vor allem die Chinesen haben da in den vergangenen Jahren ganz wild hingelangt.

Dabei entbrennen immer wieder Streits, an welchem Punkt nun die Höhe des Bauwerks zu messen ist – am höchsten noch begehbaren Stockwerk, an der Spitze oder gar an der Antenne? Es gibt übrigens einige Sendetürme und Ähnliches, die noch höher sind als Wolkenkratzer, aber die lassen wir jetzt mal nicht gelten, weil man sie nicht begehen kann.

Ohne die Antenne gerechnet (also bis zum Dach) sind die folgenden Gebäude aktuell die höchsten der Welt:

- *Taipei 101* in Taiwan: 448 Meter
- *Sears Tower* in Chicago: 442 Meter
- *Petronas Towers* in Malaysia: 403 Meter
- *Jin Mao Building* in Shanghai: 382 Meter
- *Empire State Building* in New York: 381 Meter
- *Tuntex 85 Sky Tower* in Kaohsiung: 347,5 Meter
- *Aon Center* in Chicago: 346 Meter
- *John Hancock Center* in Chicago: 343 Meter

Während du diese Wolkenkratzer abarbeitest, werden aber vermutlich auch schon einige der jetzt noch in Planung oder im Bau befindlichen Projekte abgeschlossen, zum Beispiel ...

- *Burj Dubai* in Dubai: 818 Meter (Bauende 2009)
- *Russia Tower* in Moskau: 612 Meter (Bauende 2012)
- *Chicago Spire* in Chicago: 610 Meter (Bauende 2010)
- *Guangzhou TV & Sightseeing Tower:* 610 Meter (Bauende 2010)
- *Jakarta Tower* in Jakarta: 588 Meter (Bauende 2009)
- *Freedom Tower* in New York City, 541 Meter (Bauende 2010)
- *Pentominium* in Dubai, 516 Meter (Bauende 2010)

Karo

Webtipps:

- http://www.die-wolkenkratzer.de/;
- http://www.allaboutskyscrapers.com/;
- http://de.wikipedia.org/wiki/Liste_der_h%C3%B6chsten_Bauwerke_der_Welt

Filmtipps

- Schlaflos in Seattle
- King Kong
- Verlockende Falle

Bibelvers

„Sie sagten: ‚Ans Werk! Wir bauen uns eine Stadt mit einem Turm, der bis an den Himmel reicht! Dann wird unser Name in aller Welt berühmt. Dieses Bauwerk wird uns zusammenhalten, sodass wir nicht über die ganze Erde zerstreut werden.'" (1. Mose 11,4; GN)

70 Berühr einen Eisberg

Kannst du dich noch an den Film „Titanic" erinnern? Nein, ich denke jetzt nicht an Leonardo di Caprio und daran, wie viele unschuldige Taschentücher sterben mussten, als die von ihm dargestellte Figur am Ende im eiskalten Wasser versank und die weiblichen Zuschauer in Tränen ausbrachen. Ich meine die Stelle mit dem Eisberg – als der Ausguck vor diesem kalten Hindernis warnt, man dieses aber nicht mehr umschiffen kann, weil nämlich nur etwa 10 % eines Eisbergs aus dem Wasser ragen und der Rest nicht zu sehen ist. (Ein Fachmann würde dir jetzt erklären, dass das irgendwas mit der Dichte des Eises im Vergleich zu dem ihn umgebenden Wasser zu tun hat ...). Diese Tatsache hat es sogar bis in eine gebräuchliche Redensart geschafft, denn man spricht ja davon, dass eine Sache „nur die Spitze des Eisbergs" ist – sprich: Das dicke Ende kommt noch.

Wenn man Eisberge „in freier Wildbahn" sehen möchte, muss man in ausgesprochen unwirtliche Gefilde reisen – nach Grönland beispielsweise oder in die Antarktis. An Orte, in die man normalerweise nicht gerne vordringt, weil es dort sehr kalt, ungemütlich und unter Umständen auch gefährlich ist. Aber falls du schon mal Bilder von Eisbergen gesehen hast (z. B. unter www.naturfoto-online.de), weißt du, dass Eisberge auch unglaublich schön sein können – nicht nur weiß, sondern auch blau oder grün. Die größten von ihnen haben eine Fläche von 10.000 qm, und solchen Riesen gelingt es manchmal sogar, bis in subtropische Zonen zu schippern.

Noch mal kurz zu der Tatsache, dass man nur den kleinsten Teil des Eisbergs sieht, während der viel größere Teil unter der Oberfläche ist ... Ist das bei dir nicht auch so? Und bei den meisten anderen Menschen auch? Vielleicht lohnt es sich auch auf anderen Gebieten, in unwirtliche Gegenden vorzudringen und sich im übertragenen Sinne sehr weit aus dem Boot zu beugen, um den Eisberg zu berühren ...

Wie wär's: Bist du mutig? Viele Reiseveranstalter bieten Trips nach Grönland oder Alaska und sogar in die Antarktis an. Surf ein bisschen im Internet, stöbere in der Reiseführer-Abteilung einer Buchhandlung und lass dich in einem Reisebüro beraten.

Nicole

Filmtipps

- Eine unbequeme Wahrheit
- Antarctica – Gefangen im Eis
- Happy Feet
- Ice Age
- The Day After Tomorrow
- Titanic

Bibelvers

„Denn nicht sieht der Herr auf das, worauf ein Mensch sieht. Ein Mensch sieht, was vor Augen ist; der Herr aber sieht das Herz an." (1. Samuel 16,7; LÜ)

71 Such dir einen Bibelvers fürs Leben aus

Da sagt die Überschrift eigentlich schon alles. Die Bibel steckt voller Lebensweisheiten, Zusagen, Versprechen und gewaltiger Aussagen. Ganz sicher findest du eine, die dir als Lebensmotto dienen könnte.

Na ja, du musst dich auch nicht gleich fürs ganze Leben festlegen. Wie wär's mit einem Bibelspruch des Jahres, des Monats, der Woche, des Tages? Bei Letzterem helfen ganz entscheidend die Jahreslosungen oder ein Tischkalender. Nimm dir einfach mal wieder eine Bibel zur Hand, schmökere ein bisschen darin herum, und schreib dir die Stellen auf, die dich in deiner jetzigen Situation besonders ansprechen. Die Aussage, die dich am meisten trifft und beschäftigt (idealerweise eine, die direkt zu deinen aktuellen Sorgen, Ängsten oder Gedanken passt, aber auch und gerade eine, die dich zunächst mal ärgert oder die du ausgesprochen herausfordernd findest!), solltest du dir aufschreiben, ausschneiden, ausdrucken und gut sichtbar irgendwo anbringen – an deinem PC-Bildschirm oder am Badezimmerspiegel beispielsweise. Wenn du dann während des Tages auf den Zettel „stößt", kannst du ihn dir immer wieder einmal bewusst durchlesen und gedanklich hin und her bewegen. Du wirst staunen, was das alles bewirken kann!

Vielleicht findest du auch eine Vertonung deiner Lieblingsstelle – viele der im deutschsprachigen Raum bekannten christlichen Musiker wie Albert Frey, Lothar Kosse oder Arne Kopfermann lassen sich immer wieder von konkreten Bibeltexten zu Liedern inspirieren. Das hilft noch mal ungemein, um sie sich einzuprägen und innerlich zu bewegen.

Darüber hinaus gibt es auch Hörbuch-/Bildband-Kombinationen wie „Gott ist ..." und „Leben in Fülle". Diese enthalten starke Worte und Verheißungen aus der Bibel, untermalt mit Filmsoundtrack-mäßiger Instrumentalmusik. Das haut voll rein!

Brauchst du ein paar konkrete Tipps? Vielleicht die weltberühmte Stelle in Johannes 3, Vers 16: „Denn also hat Gott die Welt geliebt, dass er seinen eingeborenen Sohn gab, damit alle, die an ihn glauben, nicht verloren werden, sondern das ewige Leben haben."

Oder mein persönlicher Favorit aus Jeremia 29, Vers 11: „Denn mein Plan mit euch steht fest: Ich will euer Glück und nicht euer Unglück. Ich habe im Sinn, euch eine Zukunft zu schenken, wie ihr sie erhofft. Das sage ich, der Herr."

Hier noch ein paar weitere Anregungen:

- *„Ich bin ganz sicher: Gott wird das gute Werk, das er bei euch angefangen hat, auch vollenden bis zu dem Tag, an dem Jesus Christus kommt."* (Philipper 1,6; GN)
- *„Das eine aber wissen wir: Wer Gott liebt, dem dient alles, aber auch wirklich alles zu seinem Heil."* (Römer 8,28)
- *„Denn wenn ihr mich von ganzem Herzen sucht, werde ich mich von euch finden lassen. Das sage ich, der Herr."* (Jeremia 29,13–14)

Karo

Filmtipps

- The Passion of the Christ (Achtung, der Film ist erst ab 18!)
- Eher geht ein Kamel durchs Nadelöhr
- Rocky Balboa

Bibelvers

„Überlass dem Herrn die Führung in deinem Leben; vertrau doch auf ihn, er macht es richtig!“ (Psalm 37,5)

72 Entrümple dein Zimmer bzw. deine Wohnung

Wie sieht es in deinem Zimmer bzw. in deiner Wohnung aus? Brauchst du eine Machete, um dir den Weg von der Tür zum Bett oder ins Bad zu bahnen? Nimmst du einen seltsamen Geruch wahr, der entweder vom überquellenden Mülleimer ausgeht oder von irgendwas kommt, das wohl unter deinem Sofa den letzten Atemzug getan hat? Reicht der Platz schon nicht mehr aus, auch wenn du deine Bücher und DVDs in doppelte Reihen stellst und die restlichen dann noch obendrauf legst – und das, obwohl schon vier Billy-Regale in deinem Zimmer stehen?

Brauchst du wirklich all das, was bei dir herumliegt oder -steht? Selbst wenn deine Schränke überquellen oder deine Besucher schon nicht mehr wissen, wo sie sich hinsetzen sollen, weil alle Sessel mit irgendwelchen Klamotten belegt sind?

Wir alle lassen uns viel zu schnell von unseren Besitztümern einengen, die aber nicht nur unsere Wohnung, sondern auch irgendwie unser Leben immer mehr vollzustopfen scheinen.

Viel zu oft versuchen wir, durch Käufe unser Ego aufzupolieren oder unsere Freunde und Nachbarn in einem Spiel zu schlagen, bei dem es darum geht, wer das schnellste Auto besitzt, die dickste Brieftasche hat oder die modernsten Handys, PCs oder Spielekonsolen. Doch wann endet dieser Wettkampf? Wann haben wir genug? Um es mit John Ortberg zu sagen: Wenn das Spiel – bzw.

das Leben – zu Ende ist, landet alles wieder in der Kiste. Wir können nichts mitnehmen.

Nachdem ich vor einer Weile ein Buch zum Thema „Einfach leben" bearbeitet hatte, beschloss ich, die Prinzipien selbst einmal auszuprobieren – mit dem Ergebnis, dass eine ganze Menge Klamotten gen Rumänien gereist sind und Bücher und DVDs gleich stapelweise bei Amazon oder Tauschticket eingestellt wurden. Das tat zwar im ersten Augenblick weh, aber ich muss gestehen, dass ich diesen Dingen schon nach kurzer Zeit keine Träne mehr nachgeweint habe. Entrümpeln macht wirklich Spaß. Man hat danach ein ganz anderes Lebensgefühl und eventuell sogar mehr Kohle, die man dann aber sinnigerweise nicht zum Kaufen von neuem Gerümpel benutzen sollte. ☺

Blick dich doch einmal ehrlich in deinem Zimmer um: Sieht es dort überschaubar aus oder brauchst du einen Kompass, um den Weg vom Bett zur Tür oder zum Kleiderschrank zu finden? Und was könntest du mit all dem Gerümpel tun, das sich bei dir angehäuft hat? Hier ein paar Tipps:

- „Normales" Gerümpel: bei Ebay oder auf dem Flohmarkt verkaufen, das bringt gutes Geld!
- Bücher, CD, DVDs, Videos und Games: über Amazon oder Booklooker verkaufen oder auf Websites wie Tauschticket.de eintauschen.
- Klamotten: mit Freundin tauschen oder in die Kleidersammlung geben. Als Faustregel gilt hier: Was man ein Jahr lang nicht anhatte, zieht man auch nicht mehr an.

Für den Fall, dass du noch weitere Anregungen brauchst, lege ich dir das folgende Buch ans Herz:

- Fiona Castle/Jan Greenough: Einfach leben, Gerth Medien, Asslar 2006

Nicole

Filmtipp

- Das Leben stinkt

Bibelvers

„Jesus antwortete: ‚Liebe den Herrn, deinen Gott, von ganzem Herzen, mit ganzem Willen und mit deinem ganzen Verstand! Dies ist das größte und wichtigste Gebot. Aber gleich wichtig ist ein zweites: Liebe deinen Mitmenschen wie dich selbst!'" (Matthäus 22,37–39; GN)

73 Mach einen Kurztrip

Lass dir von einer alten Frau gesagt sein: Solche Aktionen solltest du in Angriff nehmen, solange du noch jung bist ☺. Denn je älter und „gesettelter" man ist, desto weniger wird man sich erfahrungsgemäß noch zu so etwas aufraffen können.

Zum Beispiel zum Frühstücken nach Paris fahren. Warum eigentlich nicht? Da Paris nun mal die ultimative Stadt der Romantik ist, bietet es sich an, diesen Fun-Trip mit der Person deines Herzens anzupacken. Oder mit der/dem besten Freund/-in. Allein ist es schon weitaus weniger prickelnd. Von den allermeisten Orten in Deutschland aus ist Paris gut in ein paar Stunden mit dem Auto zu erreichen. Ebenso wie auch Venedig, Mailand, Prag oder andere tolle Städte. Du kannst allerdings auch mit dem Nachtzug fahren (es kann nämlich ziemlich einschüchternd sein, in einer Weltstadt mit dem Auto unterwegs zu sein). Wenn du wirklich nur zum Frühstücken dorthin willst und danach noch ein wenig Sightseeing machst (Louvre, Eiffelturm und andere Must-sees), wird es nicht einmal besonders teuer.

Noch genialer für einen solchen Trip ist New York, die eindeutig abgefahrenste Stadt der Welt. New York ist vollkommen unmäßig, unbeschreiblich, unglaublich und unverschämt, laut, dreckig und genial. Durch die Straßen von Manhattan zu laufen ist, als hätte man sich in den Blutkreislauf eines riesigen Wesens eingeloggt. Nicht umsonst wird die Stadt als Schmelztiegel der Nationen bezeichnet. Wusstest du zum Beispiel, dass in New York mehr Juden leben als im ganzen Staat Israel?! Der Blick vom Empire State Building gehört ganz klar zu den Dingen, die man mindestens einmal im Leben erlebt haben sollte.

Dank Internet und Flugbörsen kann man immer mal wieder günstige Kurztrips nach New York oder in andere tolle Metropolen der Welt ergattern und so seinen kulturellen Horizont erweitern. Wenn Kohle und Zeit nur zu einem Wochenendtrip reichen – so what? Es lohnt sich trotzdem und wird garantiert eine unvergessliche Erinnerung sein!

Karo

Filmtipp

- ungefähr jeder zweite amerikanische Film ☺

Bibelvers

„Ich aber bringe allen, die zu mir gehören, das Leben – und dies im Überfluss." (Johannes 10,10; Hfa)

Bildung

74 Lern eine Fremdsprache

Wenn man im Ausland unterwegs ist, merkt man schnell, dass man mit Deutsch und irgendwann auch mit den eigenen Englischkenntnissen an seine Grenzen stößt. Während viele Skandinavier Reisenden dank ihrer guten Englischkenntnisse gern weiterhelfen, weigern sich die patriotischen Franzosen meist, irgendetwas anderes zu sprechen als Französisch. Und auch im Lieblingsurlaubsland der Deutschen – Spanien – sind Fremdsprachenkenntnisse nicht allzu weit verbreitet. Selbst in Touristengegenden gerät man immer wieder in Situationen, in denen man mit „Buenos días“[10] und „La cuenta, por favor“[11] allein nicht weiterkommt. Mal abgesehen von diesen praktischen Gesichtspunkten kommt man sich aber auf jeden Fall ziemlich isoliert vor, wenn man im Ausland die Sprache der „Eingeborenen“ nicht spricht.

Weißt du schon, wohin du nächstes Jahr in Urlaub fährst? Nach Spanien oder Italien? In die USA oder nach Norwegen? Wie wäre es, wenn du schon heute damit beginnst, die Sprache dieses Landes zu lernen, damit du nächstes Jahr mehr sagen kannst als „Paljonko tämä maksaa?“ (Finnisch für „Wie viel kostet das?“) oder: „Garçon, l'addition, s'il vous plaît!“ (Französisch für „Die Rechnung, bitte“)?

Du kannst zu diesem Zweck einen Sprachkurs an der Volkshochschule belegen, bei einem Muttersprachler Privatunterricht nehmen, dir Filme im Original anschauen –

---

[10] dt.: Guten Tag.

[11] dt.: Die Rechnung, bitte.

oder einfach den Sprung ins kalte Wasser wagen und ein Auslandsschuljahr absolvieren. Vielleicht stellst du ja fest, dass du zu den Menschen gehörst, die eine Sprache schnell lernen. Aber auch falls nicht: Man muss ja nicht gleich fließend parlieren, aber ein paar Sätze kann jeder lernen. Das bewirkt übrigens auch wahre Wunder im Gehirn, weil ganz neue Nervenbahnen gereizt werden. Und außerdem ist es einfach ein tolles Gefühl, sich mit Menschen einer anderen Nationalität wirklich unterhalten zu können.

Besonders bewundere ich übrigens Menschen, die nicht nur eine Sprache lernen, die sich in Satzbau, Aussprache oder Grammatik deutlich von der eigenen unterscheidet, sondern auch in der Schreibweise (wie beispielsweise Russisch, Arabisch oder Mandarin). Vielleicht hast du ja Lust, dich in dieses ganz besondere Abenteuer zu stürzen. Желаю хорошо повеслиться![12]

Nicole

Filmtipps

- Terminal
- Man spricht deutsh
- Der Engländer, der auf einen Hügel stieg …
- Spanglish
- Natürlich Liebe

Bibelvers

„Wenn ich mit Juden zu tun hatte, lebte ich wie ein Jude, um sie für Christus zu gewinnen. Unter ihnen, die von der Befolgung des Gesetzes das Heil erwarten, lebte auch ich nach den Vorschriften des Gesetzes, obwohl ich selbst das Heil nicht mehr vom Gesetz erwarte – und das nur, um sie für Christus zu gewinnen. (…) Ich stellte mich allen gleich, um überall wenigstens einige zu retten." (1. Korinther 9,20–23; GN)

[12] Russisch für: Viel Spaß

75 Bekomm ein Kind

Diese Idee gehört zu den vermutlich nicht sofort und vielleicht gar nicht einlösbaren Aufgaben, gehört aber gleichzeitig auch in die Kategorie „Muss man unbedingt erlebt haben, sonst fehlt einem was".

Besonders für Frauen ist das Ganze natürlich ein unglaubliches Erlebnis. Wie das ist, so einen „Fremdbesatzer" im eigenen Körper heranwachsen zu spüren, kann einem niemand erklären, das muss man einfach selbst erlebt haben. Auch die Geburt selbst ist eine absolute Urerfahrung; ein Abenteuer, das für jeden wieder anders verläuft und auf das man hinterher so stolz ist wie auf weniges sonst im Leben.

Ganz zu schweigen von der umwerfenden Erkenntnis, dass man dieses kleine Menschlein mehr liebt als sein eigenes Leben und von nun an für den Rest seines Lebens aneinander gebunden ist. Und die Tatsache, dass dieses kleine Wesen einen selbst absolut bedingungslos und beinahe abgöttisch liebt und für den tollsten Menschen der Welt hält, ist auch nicht zu verachten, oder?

Ein eigenes Kind heranwachsen zu sehen, immer mehr Ähnlichkeiten mit sich selbst und/oder dem Partner an dem „Ableger" zu entdecken und so grundlegende Dinge miteinander zu erleben wie das erste Lächeln, das erste Wort, die ersten Schritte oder den ersten Schultag – das ist ein Stück vom Himmel! Wirklich eine tolle Erfindung von Gott.

Nicht jedem ist es möglich, Kinder zu bekommen – sei

es aus medizinischen Gründen, wegen Beziehungsproblemen oder, oder, oder ... Falls das bei dir der Fall sein sollte, kannst du dir ja ein „Secondhand-Kind" zulegen – vielleicht ein Patenkind oder dein Neffe/deine Nichte oder das Kind von anderen Verwandten oder Freunden, die nichts dagegen haben, dass du im Leben ihres Kleinen eine Rolle spielst. Die meisten jungen Eltern sind sogar sehr froh, wenn sie jemanden haben, der ihnen das Kind mal hütet und besondere Dinge mit ihm unternimmt. Auf diese Weise kannst du schon ziemlich viel von dem erleben, was Elternsein zu einem so tollen Erlebnis macht (und du hast noch den Vorteil, dass du die negativen Seiten nur ganz am Rande mitbekommst ☺).

Karo

Filmtipps

- Drei Männer und ein Baby
- She's Having a Baby
- Baby Boom

Bibelvers

„Als ich noch ein kleiner Junge war, zärtlich geliebt von meiner Mutter wie ein einziges Kind, da hat mein Vater mich schon unterwiesen." (Sprüche 4,3; GN)

Sonstiges

76 Such dir einen Mentor und werde selbst einer!

Mit den 12 Jüngern hat Jesus sich die Leute ausgesucht, die seine Botschaft nach seinem Weggehen weitertragen sollten – also sozusagen seine oberste Führungsriege, seine Stellvertreter auf Erden. Da er nicht sehr viel Zeit hatte, um sie zu schulen und auszubilden, hat er die effektivste Möglichkeit dazu gewählt, sozusagen „Extrem-Mentoring“ – sprich: Sie waren Tag und Nacht um ihn, er teilte sein Leben mit ihnen, erklärte ihnen alles, erzählte, erläuterte und *lebte* ihnen vor allem wieder und wieder *vor*, was er ihnen beibringen wollte. Und das hat offensichtlich so durchschlagend funktioniert, dass sie zwar nicht perfekt und fehlerlos wurden, aber ihren Auftrag trotz größter Widrigkeiten, Gefängnisaufenthalte, Mord, Spott und Hohn absolut erfüllt haben – denn schließlich hat sich das Christentum dank ihnen tatsächlich über die ganze Welt verbreitet und ist bis heute höchst lebendig.

Wie alles, was Jesus getan hat, ist dieses Mentoring-Prinzip also etwas, das wir uns zum Vorbild nehmen sollten. Wie wär's, wenn du dir einen Mentor suchst? Jemanden, der schon länger mit Jesus unterwegs ist und schon viel erlebt hat und den du von seiner Persönlichkeit her als Vorbild betrachten würdest. Frag diese Person, ob sie sich vorstellen kann, dir vorzuleben und beizubringen, was es heißt, jeden Tag mit Jesus zu leben, oder dir zu zeigen, was man tun kann, wenn man scheinbar gerade durch die Wüste geht. Die Person muss nicht in allem perfekt sein (wenn er/sie diesen Eindruck macht, solltest du äußerst misstrauisch sein), sondern dich generell oder vielleicht auch nur in einem bestimmten Bereich begeistern. Vielleicht hat der Betreffende eine unheimlich positive Ausstrahlung, und du wüsstest gern, woher die kommt. Oder er legt viel Disziplin an den Tag, ohne verbissen zu wirken, und du würdest dir gern abschauen, wie er das hinbekommt. Wenn er einverstanden ist, häng dich richtig rein. Sieh und hör genau hin, löchere ihn mit Fragen und denk darüber nach.

Im Gegenzug könntest du dich auch mit dem Gedanken vertraut machen, vielleicht selbst für einen Jüngeren Mentor zu werden. Das klingt natürlich erst mal sehr „groß", aber es geht dabei nicht um eine „Lehrer-/Schüler"-Beziehung, und du musst dazu auch kein Superheld sein. Aber auch du hast Stärken, mit denen du anderen helfen kannst. Vielleicht gibt es ja jemanden in deiner Gemeinde, der ein bisschen Unterstützung dabei braucht, von einer unguten Angewohnheit loszukommen – und du bist ein guter Ermutiger und kannst ihm helfen, das durchzuziehen. Oder jemanden, der unheimlich viel Potenzial hat, aber nicht das nötige Selbstbewusstsein, seine eigenen Gaben und Fähigkeiten zu entwickeln und einzusetzen oder ... oder ... oder ...

Übrigens: In den Bereichen, in denen du noch nicht so fit bist, kann es dir auch ein Ansporn sein, wenn du weißt, dass dich jemand „beobachtet" („Little Brother is watching you" ☺).

Und wer weiß – wenn du am Ball bleibst, hast du vielleicht irgendwann die Gelegenheit mitzuerleben, wie dein Mentorant „zündet" und sich aufmacht, die Welt zu verändern.

Nicole

Filmtipps

- Forrester – Gefunden
- In Good Company

Bibelvers

„Niemand soll dich verachten, weil du noch jung bist. Sei allen Glaubenden ein Beispiel mit deinem Reden und Tun, deiner Liebe, deinem Glauben und deiner Reinheit. Bis ich komme, lies wie bisher aus den Heiligen Schriften vor, predige und unterrichte. Vernachlässige nicht die Gabe, die Gott dir geschenkt hat (…). *Mühe dich um das, was dir aufgetragen ist, damit deine Fortschritte allen sichtbar werden. Achte auf dein Leben und auf deine Lehre; überprüfe sie beide ständig."* (1. Timotheus 4,12–16; GN)

Abenteuer/Reisen

77 Geh als Au-Pair oder als Austauschschüler/Student ins Ausland

Urlaub in fernen Ländern ist super – aber eine längere Zeit im Ausland zu verbringen ist ein viel intensiveres Erlebnis. Du steigst voll in eine fremde Kultur ein, erweiterst deinen Horizont, bekommst 1.001 neue Eindrücke und polierst deine Sprachkenntnisse auf.

Um das zu verwirklichen, gibt es verschiedene Möglichkeiten. Du kannst als sogenanntes „Au-Pair" in so ziemlich jedem Land der Welt in einer Familie leben und dieser bei der Betreuung ihrer Kinder helfen – dafür bekommst du ein kleines Gehalt und wohnst und isst kostenlos und mit Familienanschluss. So ein Einsatz geht von zwei Monaten bis zu zwei Jahren. Du kannst Sprachkurse oder auch eine Schule besuchen.

Dazu solltest du Verantwortungsgefühl, Erfahrung und Geduld im Umgang mit Kindern mitbringen. Auch die Sprache sollte dir nicht ganz neu sein. Die meisten Familien wünschen sich ein Au-Pair mit Führerschein, und nahezu alle Familien nehmen ausschließlich Nichtraucher auf. Es gibt jede Menge Organisationen, die Au-Pairs betreuen und für einen reibungslosen Ablauf sorgen. Mach dich mal im Internet schlau, wer das anbietet und welche Agenturen einen guten Ruf genießen.

Falls dir die Sache mit der Kinderbetreuung nicht so ganz geheuer ist, gibt es noch die Möglichkeit, an einem Schüler- oder Studentenaustausch teilzunehmen. Das läuft im Prinzip ähnlich ab, nur dass du in dieser Zeit nicht arbeitest, sondern dort die Schule besuchst und folglich auch kein Geld verdienst – du musst dir das Ganze also selbst finanzieren bzw. deine Eltern müssen sich überlegen, ob sie das tun wollen. Auch hier geht die Zeitspanne von ein paar Wochen bis zu einem oder zwei Jahren. Zum Beispiel kannst du ein Highschool-Jahr in den USA machen und mal gucken, ob es dort wirklich so zugeht wie in den Highschool-Filmen.

So ein Programm kostet natürlich einiges, aber erstens hättest du zu Hause ja auch Lebenshaltungskosten, die du abziehen musst, und zweitens ist das eine Investition, die sich lebenslang auszahlt!

Es gibt außerdem bei einigen Organisationen auch Stipendien und Teilstipendien (zum Beispiel bei www.schueleraustausch-international.de). Aber auch ohne Stipendium muss der Traum vom Highschool-Jahr kein Traum bleiben. Was die meisten nicht wissen: Ein Schulbesuch im Ausland kann durch Auslands-BAföG unterstützt werden. Dies ist ein monatlicher Zuschuss vom Staat, der allerdings in bestimmten Fällen zurückgezahlt werden muss. Infos gibt es im Internet unter www.bafoeg.bmbf.de. Oder du fragst mal an deiner Schule, ob sie an Austauschprogrammen teilnimmt und wenn ja, wie das genau läuft.

Der Gag beim Schüleraustausch ist außerdem – wie das Wörtchen „Austausch“ schon impliziert –, dass dein „Gastgeber“ dann auch zu dir nach Hause kommt, bei euch wohnt und mit dir deine Schule besucht.

Diese Gelegenheit solltest du dir auf keinen Fall entgehen lassen, denn später, wenn du erst mal älter und „gesettelter“ bist, wirst du dich nicht mehr so leicht aus deinem Umfeld losreißen können. Ich kenne eine ganze Menge Leute, die noch viele Jahre später bedauern, so etwas nicht gemacht zu haben, als sie die Gelegenheit dazu hatten!

Karo

Filmtipps

- Au Pair
- American Pie 1
- High School Musical

Bibelvers:

„Ich bin ein Fremder gewesen und ihr habt mich aufgenommen." (Matthäus 25,35; LÜ)

Bildung/Reisen

78 Besuch alle Bundesländer

Wie heißt es doch so schön: „Warum in die Ferne schweifen, wenn das Gute liegt so nah?“ Es ist auf jeden Fall ein erstrebenswertes Ziel, so viel wie möglich von Gottes schöner Welt zu sehen. Und vielleicht muss es zum Anfang ja nicht gleich die Welt sein, sondern unser Heimatland?

Sag mal spontan: Wie viele Bundesländer hat Deutschland und wie heißen sie? Na? Na, wir wollen mal nicht so sein: 16 sind es insgesamt, und das sind sie:

- Baden-Württemberg
- Bayern
- Berlin
- Brandenburg
- Freie Hansestadt Bremen
- Freie Hansestadt Hamburg
- Hessen
- Mecklenburg-Vorpommern
- Niedersachsen
- Nordrhein-Westfalen
- Rheinland-Pfalz
- Saarland
- Sachsen
- Sachsen-Anhalt
- Schleswig-Holstein
- Thüringen

In welchen der Bundesländer warst du schon mal? In welchem hast du Freunde oder Verwandte, die du vielleicht mal besuchen könntest? Du wirst überrascht sein, wie abwechslungsreich und schön Deutschland ist! Die Mecklenburger Seenplatte, die Insel Rügen, die Nationalparks Rhön oder Bayerischer Wald, die Schwäbische Alb oder auch tolle Städte wie Berlin oder Hamburg – es gibt jede Menge zu sehen und zu entdecken! Hier ein paar Anregungen:

- Hessen: Besuch die „Documenta" in Kassel oder paddel auf einem der zahlreichen Wasserwege. Außerdem gibt es dort jede Menge Mountainbike-Trails und Wanderwege.
- Nordrhein-Westfalen: Dort gibt es viele Parkanlagen und wildromantische Privatgärten. Du könntest auch den Kölner bzw. den Aachener Dom sowie Schloss Augustusburg bzw. das Jagdschloss Falkenlust besuchen, die zum sogenannten UNESCO-Weltkulturerbe gehören.
- Mecklenburg-Vorpommern: In Wittenburg gibt es einen der größten Indoor-Schneepark Europas. Dort kannst du in einer gigantischen Wintersporthalle das ganze Jahr über Ski fahren (aber auch im Outdoor-Bereich gibt es viele Action-Angebote). Darüber hinaus gibt es neben all den Seen im mecklenburgischen Hinterland noch viele wunderschöne Badeorte an der Ostseeküste.
- Saarland: Hier gibt es unzählige Burganlagen und mittelalterliche Baudenkmäler zu besichtigen. Und obwohl das Saarland weit von jedem Meer entfernt ist, kannst du auf dem Bostalsee oder dem Stausee Losheim Segeln und Surfen lernen.
- Thüringen: Das Bundesland ist u. a. für den ca. 160 Kilometer langen Fernwanderweg „Rennsteig" bekannt,

der auf dem Kamm des gesamten Thüringer Waldes und des Thüringer Schiefergebirges entlangführt. In Thüringen kannst aber auch auf der Wartburg Luther nachspüren, der dort die Bibel übersetzt hat, oder dich in Weimar auf die Spuren Goethes begeben und in der Nähe auch das KZ Buchenwald besuchen und dich mit einem dunklen Kapitel der deutschen Geschichte beschäftigen (siehe Punkt 31).

Surf im Internet einfach auf den Seiten der einzelnen Bundesländer, und schau dort nach, was diese in touristischer Hinsicht zu bieten haben. Du kannst ja in deinem Heimat-Bundesland beginnen – vermutlich bist du überrascht, was es schon vor deiner Haustür alles zu entdecken gibt. Und das kann weitaus mehr sein als ein faszinierendes Museum oder ein toller Wanderweg.

Und wenn du alle Bundesländer durchhast, kannst du dir ja die EU-Staaten vorknöpfen – Interrail macht's möglich!

Nicole

Filmtipps

- Wir können auch anders
- Karniggels
- GG 19 – Eine Reise durch Deutschland

Bibelvers

„Es gibt viele Wohnungen im Haus meines Vaters, und ich gehe voraus, um euch einen Platz vorzubereiten. Wenn es nicht so wäre, hätte ich es euch dann so gesagt?“
(Johannes 14,2; NL)

Persönlichkeit

79 Verbring einen Tag „blind“ oder im Rollstuhl

Ich habe im Fernsehen mal eine Sendung gesehen, in der ein junger, gesunder Mann im Rahmen eines Experiments mal einige Wochen als Rollstuhlfahrer gelebt hat (seine Beine waren Tag und Nacht zusammengebunden). Anfangs war er noch ziemlich arrogant, so nach dem Motto: „Na und? Das krieg ich doch locker hin!“ Doch nach und nach merkte er immer deutlicher und unerbittlicher, wie schwierig das Leben für Menschen mit eingeschränkter Bewegungsfreiheit ist – angefangen von der Bedienung eines schnöden Geldautomaten bis hin zum Toilettengang war plötzlich nichts mehr selbstverständlich und alles mit viel mehr Aufwand verbunden. Er war ständig auf die Hilfe von anderen angewiesen, ein einfacher Bordstein bildete ein unüberwindliches Hindernis, neugierige Blicke und rücksichtsloses Verhalten nervten und verletzten ihn und einige Dinge gingen schlichtweg gar nicht mehr. An den psychischen Hürden hatte er jedoch noch mehr zu knabbern als an den körperlichen. Nach dieser Erfahrung sah er Rollstuhlfahrer mit völlig anderen Augen – nämlich mit denen eines Rollstuhlfahrers.

Vielleicht kennst du ja jemanden, der dir für einen Tag einen Rollstuhl ausleiht (evtl. ein Krankenhaus oder eine Pflegeeinrichtung). Lass dir die Beine unten zusammenbinden, damit du sie nicht „versehentlich“ doch benutzt. Und dann verbring den Tag nicht zu Hause, sondern versuch mal, mit öffentlichen Verkehrsmitteln irgendwohin zu fahren oder irgendwas zu unternehmen.

„Technisch" einfacher, aber in der Ausführung noch schwieriger ist es, einen Tag als Blinder zu leben. Dafür solltest du unbedingt einen Freund bzw. eine Freundin bitten, dich zu begleiten, sonst kann das echt gefährlich werden!

Dazu ein genialer Tipp: In Berlin, Frankfurt und Hannover gibt es sogenannte „Blindenmuseen". Dort ist es stockdunkel, alle „Ausstellungsstücke" können nur ertastet, gehört, gerochen und erfühlt werden – und natürlich sind die Museumsführer tatsächliche Blinde, die den Besuchern hilfreich zur Seite stehen. So erfahren die sehenden Besucher, wie Blinde ihren Alltag meistern und welche ausgefeilten Hilfsmittel Blinden mittlerweile zur Verfügung stehen.

Auch ziemlich abgefahren: In Zürich, Berlin, Esslingen und Essen und als Projekt auch in einigen anderen Städten wird das sogenannte „Dinner in the Dark" angeboten: Man isst in völliger Finsternis und kann sich ganz auf das Geschmackserlebnis konzentrieren. Man fängt an, das Essen zu hören, zu fühlen und in einer neuen Dimension zu riechen. Die Kellner sind Blinde, die einem beim „Finden" und Verzehren des Überraschungsmenüs helfen. Hier ein paar Web-Tipps:

- Esslingen: www.aus-sicht.de
- Basel, Zürich: www.blindekuh.ch
- Köln, Berlin, Hamburg: www.unsicht-bar.com

Karo

Filmtipps
- Erbsen auf halb 6
- Zeit der Stille
- Aaltra
- Mut zur Liebe
- Gran Paradiso
- Wo ist Fred?

Bibelvers

„Jesus sagte: ‚Ich bin in diese Welt gekommen, damit die Blinden sehend und die Sehenden blind werden.'" (Johannes 9,39; GN)

80 Nimm an einer Demo teil

Wenn ich im Fernsehen Berichte über Demonstrationen sehe, bin ich immer etwas unsicher – ein Teil von mir findet es bewundernswert und wichtig, dass Menschen auf die Straße gehen, um gegen Rechtsradikalismus und Vorratsdatenspeicherung oder für bessere Studienbedingungen zu demonstrieren. Ein anderer Teil beobachtet solche Demonstrationen aber lieber vom Sofa aus.

Was bewegt Menschen dazu, so hinter einer Sache zu stehen, dass sie bereit sind, dafür auf die Straße zu gehen? Auch du hast ja sicher eine Meinung zu bestimmten gesellschaftsrelevanten Themen. Warum also nicht auch den Mut haben, dafür einzustehen und aktiv zu werden? Du musst dich ja nicht gleich vor einen Panzer werfen oder als Zeichen gegen deine Ablehnung von Atomkraft an Eisenbahnschienen ketten. Du könntest ja anlässlich einer Demo (die werden ja eigentlich immer angekündigt) einfach einmal ein Plakat malen, auf dem du in witzigen oder einfach nur deutlichen Worten deiner Meinung Ausdruck verleihst: „No Atomstrom in my Wohnhome – No Atomkraft in my Apfelsaft“ oder einfach: „Ich bin dagegen!“

Wenn du die Bibel mal mit offenen Augen liest, wirst du merken, dass ihre Verfasser immer wieder auf „Ungerechtigkeiten“ eingehen. Zum Beispiel, indem sie sich zu Armut, der Versorgung von Witwen und Waisen oder der Notwendigkeit, Kranke und Gefangene zu besuchen, äußern.

Was tust du, wenn dir eine Ungerechtigkeit oder ein Notstand so richtig gegen den Strich geht, dir keine Ruhe lässt, dich immer wieder „piekst"? Gehst du auf die Straße? Schreibst du Briefe? Gehst du in die Politik und versuchst, etwas zu bewegen? Welche Ungerechtigkeit, welches „Problem" liegt dir besonders am Herzen? Abtreibung? Kindesmisshandlung? Kinderarmut oder die AIDS-Problematik? In welcher Weise könntest du dich einbringen? Gibt es in deiner Gegend eine Organisation, die freiwillige Mitarbeiter braucht? Findet irgendwann in nächster Zeit bei euch in der Stadt eine Demo statt? Warum trommelst du nicht einmal ein paar Freunde zusammen und nimmst daran teil?

Nicole

Filmtipps

- Gandhi
- Bloody Sunday
- Der große Diktator

Bibelvers

„Wer nun mich bekennt vor den Menschen, den will ich auch bekennen vor meinem himmlischen Vater. Wer mich aber verleugnet vor den Menschen, den will ich auch verleugnen vor meinem himmlischen Vater."
(Matthäus 10,32–33; LÜ)

Natur

81 Sei bei der Geburt eines Tieres dabei

Bei einer Geburt dabei zu sein gehört zu den großartigsten und elementarsten Erlebnissen, die es überhaupt gibt. Es ist aber ziemlich unwahrscheinlich, dass zum Beispiel deine ältere Schwester sonderlich erpicht darauf ist, dich bei der Geburt ihres ersten Kindes mit im Kreißsaal dabeizuhaben – dazu reicht selbst die größte Geschwisterliebe nicht aus ☺. Aber was soll's; vielleicht kannst du ersatzweise wenigstens bei der Geburt eines Tieres dabei sein.

Du kennst bestimmt jemanden, der Tiere hält, bei denen demnächst Nachwuchs angesagt ist – vielleicht auf dem Bauernhof am Ortsrand oder beim Nachbarn, der eine trächtige Hündin oder Meerschweinchendame hat. Melde dich frühzeitig bei dem Betreffenden, und erkundige dich, ob du bei der Geburt dabei sein kannst. Falls sich das technisch machen lässt – viele Tiere bekommen ihre Babys nämlich lieber im Verborgenen oder in der Nacht. Aber einen Versuch ist es wert, auch wenn du dazu ein paar Nächte mit Schlafsack und Taschenlampe neben dem Stall oder Körbchen lauern musst.

Falls das alles nicht klappt, musst du eben selbst aktiv werden. Sehr spannend und ziemlich einfach zu beobachten ist das „Kinderkriegen“ bei sogenannten „lebend gebärenden“ Fischen wie zum Beispiel Guppys. Diese hübschen Fischlein kannst du in jedem Zoogeschäft für ein paar Euro kaufen und sie sind recht anspruchslos zu halten – ein kleines Aquarium mit einfacher Ausstattung reicht ihnen völlig. Wenn du einige Männchen und Weibchen anschaffst und die Grundregeln beachtest, die dir der freundliche Zoofachverkäufer sicher gern erklärt, wirst du schon bald bei den weiblichen Fischen (das sind die weniger bunten mit den unauffälligen Schwänzen; die Männchen dagegen prunken mit leuchtenden Farben) in ihrem relativ durchsichtigen Bauch den Nachwuchs erkennen. Und noch ein bisschen später bringen sie dann ihre winzigen Babyfische zur Welt.

Falls sich in deinem Aquarium nur Guppys und keine Raubfische befinden, kannst du bald deinen eigenen kleinen Fischschwarm heranwachsen sehen. Aber Vorsicht: Guppys sind so vermehrungsfreudig, dass dein Aquarium bald aus allen Nähten platzt, wenn du ihnen nicht irgendwann Einhalt gebietest.

Karo

Filmtipp

- National Geographic: Das Wunder des Lebens. Säugetiere

Bibelvers

„Kannst du mir sagen, wann die Gämse wirft? Sahst du der Hirschkuh beim Gebären zu? Weißt du, wie viele Monate sie tragen? Wann kommt für sie die Stunde der Geburt?“ (Hiob 39,1–2; GN)

82 Schreib einen Dankesbrief an deine Eltern

Es gibt Unmengen an Erziehungsbüchern darüber, wie man die Fallgruben der Kindererziehung umgehen und Kids dabei helfen kann, ein produktives Leben zu führen. Aber wer macht sich eigentlich mal Gedanken darüber, wie schwierig es für ein Kind sein kann, den Alltag und die Erziehungsversuche seiner Eltern zu überleben?!

Wir können dir aus unserer Erfahrung sagen, dass irgendwann in deinem Leben der Zeitpunkt kommt, wo dir deine Eltern ziemlich auf den Keks gehen. Vielleicht hast du irgendwann den Eindruck, dass sie ausgesprochen viel Zeit mit Überlegungen zubringen, wie sie dich möglichst effizient unglücklich machen können. Sie haben einfach keine Ahnung, wie das Leben so läuft und warum es so wichtig ist, dass gewisse Dinge in deinem Leben eben so sind, wie sie sind. Oder? Manchmal hast du vielleicht auch einfach keine Lust mehr, dich an die seit ewigen Zeiten in Stein gemeißelten Regeln zu halten. Vielleicht wurden bei euch zu Hause auch schon des Öfteren Türen geknallt oder die Kommunikation mit deinen Eltern verlief auf etwas höherem Dezibelniveau – sprich: so laut, dass selbst die Nachbarn noch ihren „Spaß“ daran hatten.

Die Sache mit dem „Du sollst deinen Vater und deine Mutter ehren“ (2. Mose 20,12) ist manchmal verflixt schwer. Vor allem, wenn du das Gefühl hast, dass deine Eltern nur mit ihren eigenen Interessen und Problemen beschäftigt sind.

Falls du deinen Teil dazu beitragen willst, dass sich die

Atmosphäre zu Hause ändert – und damit wollen wir nicht behaupten, dass du die Schuld an dem Dilemma trägst! –, hätten wir einen Vorschlag für dich: Schreib mal einen (Dankes-)Brief an deine Eltern.

Nimm dir etwas Zeit, um darüber nachzudenken, wie deine Eltern dich bislang dabei unterstützt haben, der Mensch zu werden, der du heute bist. Wo haben sie dich in der Vergangenheit gefördert, dich Woche für Woche zu Fußballtraining oder Klavierunterricht gefahren? Wo haben sie vielleicht sogar Opfer gebracht, damit du auf eine weiterführende Schule gehen oder mit auf Klassenreise fahren konntest? Wann haben sie sich Zeit für dich genommen – um etwas mit dir zu unternehmen, um dir dabei zu helfen, deinen neuen PC einzurichten, oder um dich einfach in den Arm zu nehmen und dir zu sagen, wie sehr sie dich lieben?

Erwähne auch die Dinge, die du an deinen Eltern bewunderst und die du von ihnen gelernt hast. Hat dir dein Vater vielleicht gezeigt, wie man an einem Auto „herumschraubt"? Hat dir deine Mutter beigebracht, wie man Plätzchen backt? Bewunderst du deine Eltern dafür, dass sie sich auch nach all den Jahren Ehe noch lieben? Dass sie in der Vergangenheit immer für dich da waren, wenn es ganz dick kam?

Wenn möglich, solltest du deinen Eltern diesen Brief schicken (auch wenn's vielleicht ziemlich peinlich ist ...). Wenn deine Eltern oder ein Elternteil nicht mehr leben, dann schreib ihn trotzdem und leg ihn auf ihr Grab. Denn bei dem Ganzen geht es sowieso mehr um dich als um sie.

Nicole

Filmtipps

- Elling – Nicht ohne meine Mutter
- Tanguy, der Nesthocker
- Das Streben nach Glück

- Die Brücke nach Terabithia
- Das Haus am Meer
- About a Boy oder: Der Tag der toten Ente
- Dummy

Bibelvers

„Du sollst deinen Vater und deine Mutter ehren, auf dass du lange lebest in dem Lande, das dir der Herr, dein Gott, geben wird.“ (2. Mose 20,12; LÜ)

Geistliches

83 Entscheide dich für ein Leben mit Gott

Tja – natürlich ist das eine sehr persönliche Sache. Aber da es in diesem Buch um die Dinge geht, die man im Leben auf keinen Fall versäumen sollte, gehört dieser Punkt aus unserer Sicht unbedingt dazu. Und zwar im Grunde an die allererste Stelle. Denn es ist nun mal so: Wir sind der Überzeugung, dass es den Gott der Bibel wirklich gibt, dass er genau so ist wie im Buch der Bücher beschrieben, dass er sich nach einer liebevollen Beziehung zu uns sehnt und sogar seinen Sohn geopfert hat, um das möglich zu machen.

Und wenn das wirklich stimmt, ist die Entscheidung für oder gegen ihn die allerwichtigste, die man im Leben treffen kann – und sie wirkt noch weit über das Leben hier auf der Erde hinaus, denn es ist die einzige Story mit einem unendlichen Happy End.

Beweisen kann man die Existenz Gottes nicht. Allerdings auch nicht seine Nichtexistenz. Beides haben schon viele schlaue Köpfe im Lauf der Geschichte probiert – ohne Erfolg. Deswegen heißt Glauben ja auch *Glauben* und nicht *Wissen*.

Um zu glauben, muss man also ohne Sicherheiten ins kalte Wasser springen, aber es lohnt sich (und mal ehrlich: Was hat man schon zu verlieren?). Wer an Gott glaubt, steht nie alleine da, hat immer jemanden, an den er sich für Rat und Hilfe wenden kann, muss nicht alle Entscheidungen im Alleingang treffen, sieht einen tieferen Sinn in seinem Leben und weiß genau, wo er nach dem Tod hingeht. So betrachtet hat der Glaube an Gott eine Menge Vorteile, die sogar dann noch „ziehen" würden, wenn wir uns alle getäuscht hätten und es Gott doch nicht gäbe.

Viele Menschen, die nicht an Gott glauben, behaupten, dass der Glaube an ihn im Grunde eine Art Krücke ist, die schwache Menschen brauchen, um durchs Leben zu kommen. „Wer kein Selbstbewusstsein hat, wer sich klein und unbedeutend fühlt, der muss diesen Minderwertigkeitskomplex mit Religion anfüllen", habe ich neulich in einem Internetforum gelesen.

Dabei geht es beim Glauben gar nicht um Religion, also irgendwelche Rituale und Formen, sondern einzig und allein um die Beziehung zu Gott, die man tatsächlich haben kann, auch wenn das schwer vorstellbar ist. Dass es geht, wirst du merken, wenn du ein Leben mit Gott einmal ernsthaft ausprobierst. Dazu musst du eigentlich nur etwas in der Art beten: „Gott, wenn es dich wirklich gibt, möchte ich dich gern kennenlernen. Bitte zeige dich mir auf eine Art, die ich begreifen kann. Ich verspreche, dass ich für dich offen sein will. Amen."

Was daraufhin passiert und wie und wann es passiert, weiß nur Gott allein – er kommt uns da sehr individuell entgegen, manchmal sehr humorvoll und immer spannend. Also halt die Kanäle offen, hör genau hin und lass dich überraschen!

Karo

Filmtipps

- Bruce Allmächtig
- Evan Allmächtig
- Beinahe ein Engel

Bibelverse

„Seht doch, wie sehr uns der Vater geliebt hat! Seine Liebe ist so groß, dass er uns seine Kinder nennt. Und wir sind es wirklich: Gottes Kinder!“ (1. Johannes 3,1; GN)

„Denn so sehr hat Gott die Welt geliebt, dass er seinen einzigen Sohn gab, damit alle, die an ihn glauben, nicht verloren werden, sondern das ewige Leben haben.“ (Johannes 3,16; LÜ)

84 Begib dich auf eine Zeitreise

Mit Hilfe von Filmen, Büchern und PC-Games kannst du in alte oder unbekannte Welten eintauchen. Gemeinsam mit Eragon kannst du König Galbatorix vernichten, mit Anakin Skywalker das Universum aus den Klauen des Imperators befreien. Mit Winnetou und Old Shatterhand kannst du das Leben der Indianer erforschen, mit Marco Polo nach Asien reisen. Und mit Menschen, Nachtelfen, Zwergen und Gnomen kannst du in Azeroth gegen die Horden von Orcs, Trollen, Tauren und Untoten kämpfen.

Aber nur in deiner Fantasie ...

Was wäre, wenn du tatsächlich in die Vergangenheit zurückreisen und/oder dich in ferne Länder begeben könntest, um hautnah zu erleben, wie die Menschen vor 100 oder 1.000 Jahren gelebt haben? Wenn du mal eine Nacht in einem Wigwam schlafen oder ohne Brotbackautomat Brot backen könntest?

Geht nicht? Geht doch!

Wenn du ein bisschen im Internet herumsurfst, wirst du rasch entdecken, dass es vor allem auf den unterschiedlichen deutschen Schlössern und Burgen jedes Jahr unzählige Mittelaltermärkte mit Ritterspielen, Schwertkämpfen und Gauklern gibt. Die Kyffhäuser Jugendherberge bietet immer wieder Schulprogramme an, in denen man ein bisschen „Mittelalterluft schnuppern“ oder sogar einen Tag lang wie im Mittelalter leben kann. Auch andere Burgen wie die Burg Tannenberg oder die Musikburg Sternberg eröffnen dir einen Einblick ins Leben vor über 500 Jahren. Im Histotainment-Park Adventon bei Würzburg – einem Langzeit-Mittelalter-Projekt – kann man mitarbeiten und mitleben wie im Mittelalter. Es gibt Ferienlager, Jugendcamps und „Indianerprogramme“ z. B. im Brandenburger Bisonpark, wo Kinder und Jugendliche stilecht in Tipis leben können.

In Mecklenburg-Vorpommern kannst du dich mit dem Boot oder zu Fuß auch auf die Spuren der Wikinger und Slawen begeben, die dort vor über 1.000 Jahren gelebt haben. Oder du kannst dich im Wikinger-Museum Haithabu (Schloss Gottorf, Schleswig) über das Leben der Menschen zwischen ca. 800 und 1.000 n. Chr. informieren.

Und wenn du Mitglied der Pfadfinder oder der Royal Rangers bist, dann hast du ja sicher schon von Indianerlagern oder Piratencamps gehört.

Was unterscheidet den Alltag der Menschen damals von deinem Alltag? Inwiefern waren die Menschen einfach ganz anders als heute? Könntest du dir vorstellen, im Mittelalter oder zur Zeit Jesu zu leben? Warum oder warum nicht?

Nicole

Filmtipps

- Die Zeitmaschine/Time Machine
- Zurück in die Zukunft
- Ritter Jamal
- Ein Ritter in Camelot

Bibelvers

„Herr, du durchschaust mich, du kennst mich bis auf den Grund. Ob ich sitze oder stehe, du weißt es, du kennst meine Pläne von ferne. Ob ich tätig bin oder ausruhe, du siehst mich; jeder Schritt, den ich mache, ist dir bekannt.

(…) *Steige ich hinauf in den Himmel – du bist da. Verstecke ich mich in der Totenwelt – dort bist du auch. Fliege ich dorthin, wo die Sonne aufgeht, oder zum Ende des Meeres, wo sie versinkt: auch dort wird deine Hand nach mir greifen, auch dort lässt du mich nicht los."* (Psalm 139,1–10; GN)

Persönlichkeit

85 Lass einen alten Groll los

Du kennst so etwas sicher: Dein allererster Freund hat dich wegen dieser blonden Tussi aus der Parallelklasse sitzen lassen ... Deine vermeintlich beste Freundin hat äußerst fies über dich abgelästert und ist seitdem für dich gestorben ... In der Mathearbeit hat dein Sitznachbar dir seinen Spickzettel untergeschoben und nicht zugegeben, dass es seiner war, sodass du eine Sechs kassiert hast ... Deine Schwester hat vergessen, dir auszurichten, dass sich der Termin fürs Vorsprechen bei der Theatergruppe verschoben hat, sodass du die Chance deines Lebens verpasst hast ...

Andere Leute können einem schon echt unschöne Sachen antun – manchmal unabsichtlich, manchmal auch absichtlich. Es ist nur zu verständlich, wenn man dann auf sie sauer ist. Meist schafft man es ja, die Sache dann irgendwann aus der Welt zu schaffen. Aber manchmal hält so ein Groll sehr lange an. Das Problem hierbei ist, dass das niemandem irgendetwas bringt. Nicht umsonst gibt es für dieses Verhalten ja den Begriff „nachtragend sein". Merkst du was? Du bist derjenige, der dem „Schuldigen" etwas nachträgt – und damit der, den die Sache belastet. Der Verursacher der ganzen Sache hat diese vermutlich längst vergessen, zumindest aber hat er nichts daran zu schleppen.

Gibt es in deinem Leben so einen alten Groll? Dann versuche, diesen jetzt loszulassen. Auch wenn der Verursacher vielleicht nie um Entschuldigung gebeten hat oder nie wirklich kapiert hat, was eigentlich los gewesen ist. Wenn dir ein kleines Ritual helfen könnte, dann kannst du die Sache aufschreiben und den Zettel danach verbrennen oder einen Stein als Symbol für den Groll so weit, wie es geht, in den nächsten See schmeißen.

Und? Fühlt sich gleich um einiges leichter an, oder?

Karo

Filmtipps

- In den Schuhen meiner Schwester
- Abbitte
- Drachenläufer

Bibelvers

„Wer über die Fehler anderer hinwegsieht, gewinnt ihre Liebe; wer alte Fehler immer wieder ausgräbt, zerstört jede Freundschaft.“ (Sprüche 17,9; Hfa)

Sonstiges

86 Betrachte einmal einen echten Toten

Es ist etwas ganz anderes, ob man mal im „Tatort“ oder bei „CSI – Las Vegas“ eine „Leiche“ gesehen hat oder ob man tatsächlich vor einem echten Toten steht. Vielleicht hast du ja mal die Möglichkeit, einen Blick auf jemanden zu werfen, der gerade verschieden ist. Ich kann mich noch gut daran erinnern, wie mein Opa aussah, als er vor einigen Jahren gestorben war, aber noch auf dem Bett lag, während wir auf den Bestatter warteten. Er wirkte eigentlich so, als würde er jeden Moment die Augen wieder öffnen und aufstehen.

Und das bringt einen ganz schön zum Nachdenken: *Was ist der Körper, der da jetzt vor dir liegt, eigentlich? Was ist es, was ihn ausgemacht hat? Es ist ja eigentlich alles noch da – die chemische Zusammensetzung, die Materie, die Einzelteile …*

Es fehlt einfach das alles Entscheidende. Aber was macht dieses Entscheidende aus? Falls du einmal vor einem Toten stehst, mach dir doch mal Gedanken darüber, wie die Person wirkt: Glücklich? Zufrieden? Verängstigt? Friedlich? Welche Gefühle kommen in dir auf? Was denkst du im Hinblick auf deinen eigenen Tod?

Nimm doch mal an der Trauerfeier eines dir unbekannten Menschen teil und achte darauf, was der Pfarrer oder die Hinterbliebenen über ihn sagen. Und vor allem: Hat der Betroffene sich vielleicht sogar schon zu seinen Lebzeiten Gedanken darüber gemacht, wo er die Ewigkeit verbringen wird? Und was ist mit deiner Ewigkeit?

Besuch doch einmal einen größeren Friedhof – vor allem die „alten" wie der Père Lachaise in Paris bieten sich hier an – und schlendere durch die Reihen.

Wenn du dir die Grabsteine anschaust, wirst du feststellen, dass das gesamte Leben dieses Menschen auf zwei Daten und einen langen Strich reduziert ist. Einige von ihnen enthalten noch den Hinweis, dass dort ein „geliebter Mann" oder eine „geliebte Ehefrau" starb, den bzw. die die Zurückgebliebenen schmerzlich vermissen werden. Unter Umständen ist sogar ein Bibelvers oder ein Zitat angegeben, das für das Leben des Betreffenden bestimmend war.

Aber in Wirklichkeit zählt, was zwischen den beiden Daten passiert ist. Wenn du einmal darüber nachdenkst, wirst du erkennen, dass wir über viele Dinge in unserem Leben keine Kontrolle haben: Wir entscheiden nicht, wann und wo wir geboren werden, wer unsere Eltern sind oder in welcher Kultur wir aufwachsen. Wir entscheiden nicht darüber, welche beiden Daten einmal auf unserem Grabstein stehen, denn wir wissen nomalerweise nicht, wann unsere Zeit auf diesem Planeten vorüber ist.

Aber es gibt eine Sache, über die wir enorm viel Kontrolle haben: darüber, wie wir die Zeit, die durch den langen Strich repräsentiert ist, verbringen. Wir können entscheiden, womit wir die Zeit füllen, die zwischen den beiden Daten liegt. Womit verbringst du deine? Kann man an deinem Leben ablesen, dass du genau weißt, wer du bist und warum du hier bist? Oder hastest du von einem Tag zum nächsten und verbringst viel zu viel Zeit mit Dingen, die nicht wirklich wichtig sind?

Und jetzt stell dir einmal vor, du hättest nur noch einen Monat zu leben. Wäre es nicht klasse, wenn du dein Leben jetzt schon so führen würdest, dass du im Grunde gar nichts ändern müsstest? Was würde jetzt auf deinem

Grabstein stehen, wenn du heute sterben würdest? Und was würdest du dir wünschen, dass einmal auf deinem Grabstein steht?

Nicole

Filmtipps

- Rendezvous mit Joe Black
- Der Tod steht ihr gut
- Wer früher stirbt, ist länger tot
- Sterben für Anfänger

Bibelvers

„Lass uns erkennen, wie kurz unser Leben ist, damit wir zur Einsicht kommen!“ (Psalm 90,12; GN)

Geistliches

87 Lies die Bibel von vorn bis hinten durch

Wenn du nicht sowieso schon längst eine Bibel besitzt, besorg dir eine in einer Übersetzung, die dir zusagt (zum Beispiel die moderne „Gute Nachricht", den kernigen Luther-Text oder eine umstrittene Übersetzung wie die abgefahrene „Volxbibel"). Und dann fängst du, wie es so schön heißt, bei Adam und Eva an und kämpfst dich durch das ganze Buch durch. Das sollte jeder Mensch mindestens einmal in seinem Leben gemacht haben – schon allein, um mitreden zu können.

Denn auch die kritischsten Leute halten die Bibel für eins der zentralsten Schriftstücke der Menschheit. Auf die Frage, welches Buch er für das wichtigste halte, sagte selbst der erklärte Atheist und Marxist Bertolt Brecht: „Sie werden lachen – die Bibel!"

Der skandalumwitterte Schauspieler Ben Becker hat die Bibel als Hörbuch vorgelesen – und sagt: „Die Bibel ist für mich der größte Text, den ich je gelesen habe. Ich behandle sie mit großem Respekt, auch wenn das die wenigsten von mir erwarten. Inzwischen habe ich acht Exemplare, eines trage ich immer bei mir. Sie ist mir sehr ans Herz gewachsen."

Der Sänger Xavier Naidoo ist beim Lesen der Bibel zum Glauben gekommen und erklärte: „Am Tag nachdem ich zum ersten Mal die Bibel gelesen hatte, fühlte ich mich, als hätte ich ein Ufo gesehen. Das war wie ein Flash!"

Das hängt damit zusammen, dass die Bibel eine Eigenschaft hat, die kein anderes Buch der Welt besitzt: Sie lebt. Das kann man nicht erklären, man muss es selbst erfahren. Jedes Mal, wenn man die Bibel zur Hand nimmt, bekommt eine andere Aussage, Geschichte oder Frage eine neue Bedeutung und springt einen geradezu an. Oder man kapiert plötzlich einen Zusammenhang, der einem bisher nie so klar war. Man hat das Gefühl, der Schreiber redet direkt zu einem selbst, oder aber man stößt sich furchtbar an einem bestimmten Anspruch. Erklären lässt sich das nicht. Vor allem nicht vor dem Hintergrund, dass die Bibel über einen Zeitraum von 1.200 Jahren entstanden ist und die einzelnen Bücher darin von verschiedensten Personen – von Fischern, Königen, Bauern, Dichtern, Richtern, Zeltmachern und Propheten – vollkommen unabhängig voneinander verfasst wurden und das Ganze trotzdem aus einem Guss zu sein scheint.

Eines ist jedenfalls sicher: Kalt lässt die Lektüre der Bibel niemanden. Und manchmal verändert sie sogar das ganze Leben. Noch einen Tipp: Falls du merkst, dass du bei all den Anweisungen in den Büchern Mose oder den kleinen Propheten etwas „schwächelst", kannst du ja eine Bibellese zu Hilfe nehmen, die dich in einem Jahr durch die Bibel bringt, zum Beispiel „Hoffnung für alle: In einem Jahr durch die ganze Bibel".

Karo

Filmtipps

- der Mehrteiler „Die Bibel"

Bibelvers

„Das Wort Gottes ist lebendig, es ist eine wirkende Macht. Es ist schärfer als das schärfste beidseitig geschliffene Schwert. So wie ein Schwert tief einschneidet, die Gelenke durchtrennt und das Mark der Knochen freilegt, so dringt das Wort Gottes ins Innerste von Seele und Geist. Es deckt die geheimen Wünsche und Gedanken des Menschenherzens auf und hält über sie Gericht." (Hebräer 4,12; GN)

Abenteuer

88 Schau dir den Start einer Raumfähre an

Im Mission-Statement der NASA heißt es:

„To understand and protect our home planet.
To explore the universe and search for life.
To inspire the next generation of explorers ...“

(„Unseren Planeten zu verstehen und zu schützen.
Das Universum zu erforschen und nach Leben zu suchen.
Die nächste Generation von Forschern zu begeistern ...“)

Wenn du das *Kennedy Space Center* in Florida besuchst, von wo aus seit Dezember 1968 alle bemannten Raumflüge der Vereinigten Staaten von Amerika starten, kannst du hautnah miterleben, dass man dort alles tut, um schon den Kleinsten die Raumfahrt im wahrsten Sinne des Wortes zum Greifen nahezubringen. Schon Kinder sollen inspiriert werden, alles zu geben, um ihre Träume Wirklichkeit werden zu lassen und über Unzulänglichkeiten und vermeintliche Grenzen hinauszuwachsen.

Besuch doch einmal das *Kennedy Space Center*. Seit Mai 2007 kannst du dich dort nicht nur über die Geschichte der Raumfahrt informieren, sondern auch einen Start hautnah miterleben – im Rahmen der „Shuttle Launch Experience“. Aber vielleicht hast du ja auch die Gelegenheit, einmal einen richtigen Start ins All zu erleben. Unter www.ksc.nasa.gov findest du alle Starttermine sowie eine Kontaktnummer, unter der du Tickets bestellen kannst.

Doch die Raumfahrt ist nicht nur abenteuerlich, sondern auch ganz schön gefährlich. Vielleicht hast du ja schon von dem *Challenger*-Unglück gehört. Am 28. Januar 1986 ereignete sich der bis dahin schwerste Unfall in der Raumfahrtgeschichte der USA. Damals zerbrach nur 73 Sekunden nach dem Start der Mission die Raumfähre in rund 15 Kilometern Höhe. Alle sieben Astronauten kamen dabei ums Leben. Diese Katastrophe warf nicht nur das Raumfahrtprogramm der USA zurück, sondern traumatisierte auch die Bevölkerung, von der ein Großteil den Raumflugstart, wenn nicht von den Aussichtstribünen in Cape Canaveral, so doch auf den Fernsehbildschirmen mitverfolgt hatte.

Doch trotz allem hat man natürlich die Forschung und die Raumfahrt nicht eingestellt – sondern man betrachtet solche „Niederlagen" als Chance, etwas dazuzulernen.

Welches Risiko wärst du bereit einzugehen, und welche Rückschläge wärst du bereit hinzunehmen, um der Erfüllung eines großen Traumes näherzukommen?

Hier noch ein kleiner Surftipp: www.space-travellers.de

Nicole

Filmtipps

- Apollo 13
- Der Stoff, aus dem die Helden sind
- Space Cowboys

Bibelvers

„Wer sich öffentlich zu mir bekennt, für den werde ich auch in Gottes Gericht vor den Engeln eintreten."
(Lukas 12,8; Hfa)

89 Geh ins Einkaufszentrum, ohne einen Cent auszugeben

Für den Anfang reicht es, wenn du einfach nur das hinbekommst, was oben steht: ins Einkaufszentrum zu gehen und *nichts* zu kaufen. Je nachdem, wie schwer dir das fällt, kannst du es zeitlich einschränken oder richtig in die Vollen gehen. Geh in die Geschäfte, für die du besonders „anfällig" bist, und frag dich, wenn du etwas siehst, das du unbedingt haben MUSST: „Warum will ich das besitzen? Brauche ich es wirklich? Ist es in einem halben Jahr noch wichtig?"

Wenn du diese Frage für dich mit Ja beantwortest, gibt's noch einen Filter: Merk dir deinen Wunsch und warte vier Wochen. Wenn du danach immer noch davon überzeugt bist, dass du diese Sache unbedingt brauchst – voilà! Du wirst dich aber wundern, wie viele Wünsche sich durch diesen Filter sehr schnell von selbst erledigen.

In Stufe 2 der Aufgabe gelangst du vom passiven „Etwas-*nicht*-Tun" zum Aktiv-Werden: Schlendere durch das Einkaufszentrum oder setz dich irgendwo in ein Café und sieh dir einfach nur die Leute an – aber nicht, um innerlich über die Klamotten, die Figur oder die Frisur der Vorübergehenden zu lästern! Versuche stattdessen, *wirklich* hinzusehen: Wirkt die Person zufrieden oder unglücklich? Ängstlich? Wütend? Besorgt? Wo kommt sie wohl her? Was ist ihre Geschichte?

Und dann fang an, für bestimmte Personen zu beten. Zu Beginn kannst du dir ja jemanden aussuchen, der dir besonders sympathisch erscheint. Bete dafür, dass diese

Person Gott kennenlernt, dass sie seinen Segen in ihrem Leben genießen darf und für vieles mehr. Versuche dabei auch, ein offenes Ohr dafür zu haben, ob Gott vielleicht etwas zum Gespräch beitragen möchte. Vielleicht teilt er dir etwas Konkretes mit, das dieser Mensch gerade braucht und für das du beten könntest.

Eines ist sicher: Von einer solchen Tour ins Einkaufszentrum kommst du garantiert mit mehr zurück, als wenn du dir die zehnte Jeans zugelegt hättest!

Karo

Filmtipps

- Heroes
- Unbreakable

Bibelvers

„[Ich] *konnte* [...] *mir alles verschaffen, was meinen Augen gefiel, und ich versagte mir keine Freude. Mit all meiner Mühe hatte ich es so weit gebracht, dass ich tatsächlich glücklich war. Doch dann dachte ich über alles nach, was ich getan und erreicht hatte, und kam zu dem Ergebnis: Alles ist vergeblich und Jagd nach Wind. Es kommt nichts heraus bei aller Mühe, die sich der Mensch macht unter der Sonne.*“ (Prediger 2,10–11; GN)

90 Gewöhn dir eine schlechte Angewohnheit ab

Dieser Punkt gehört nicht zu den Dingen, die man *einmal* im Leben machen sollte, sondern die dich durch dein ganzes Leben begleiten. Schlechte Angewohnheiten haben wir alle leider zur Genüge – wir kommen abends nicht ins Bett und morgens nicht wieder heraus, verdaddeln zu viel Zeit im Internet, statt Hausaufgaben zu machen, schmeißen Socken nicht in die Wäsche, sondern auf den Boden ... Du weißt schon, was ich meine. Es gibt viele solcher Angewohnheiten, die einfach nur doof sind, die dir selbst im Weg stehen oder tatsächlichen Schaden anrichten und von denen man sich trotzdem irgendwie nicht trennen kann oder möchte.

Exemplarisch möchte ich hier mal eine Angewohnheit nennen, die erstens jeder kennt und die zweitens so schädlich für alle Beteiligten ist, dass es ein sehr lohnenswertes Ziel ist, sie möglichst bald loszuwerden: Lästern.

Jeder lästert gern – das ist leider nur allzu menschlich. Allerdings ist es auch ziemlich kontraproduktiv. Auch wenn es sich im Moment vielleicht ganz gut anfühlt, so richtig über jemanden herzuziehen, und man selbst dadurch irgendwie besser dazustehen scheint – in Wirklichkeit passiert genau das Gegenteil: Mit jedem Lästern wird dein Herz ein bisschen kleiner, dein Ego ein bisschen hässlicher und deine Seele ein bisschen dunkler. Und damit schadest du dir letztlich selbst am meisten. Mal ganz abgesehen davon, was es für Auswirkungen auf denjenigen hat, über den du abgelästert hast (und du kannst davon ausgehen, dass ihm oder ihr dies irgendwann in irgendeiner Form zugetragen wird).

Stattdessen könntest du doch eine ganz andere Definition von „Hinter dem Rücken über jemanden reden“ für dich kultivieren: Rede einfach vor anderen Menschen *positiv* über andere Leute. Das ist gar nicht so schwer; schließlich gibt es über so ziemlich jeden etwas Gutes zu sagen: „Der Pulli, den Lisa heute anhat, steht ihr aber gut!“ „Ellens neue Frisur macht sie viel jünger.“ „Ich fand es super, dass Ben vorhin seinem Bruder freiwillig etwas von seinen Gummibärchen abgegeben hat!“

Wenn du mit schlichten Komplimenten angefangen hast und nach und nach so richtig in den „Flow“ des Gut-über-andere-Redens kommst, kannst du dich ja in Menge und Gehalt der positiven Bemerkungen langsam steigern: „Ich finde, Katja hat eine unheimlich freundliche Ausstrahlung. Das steckt richtig an.“ „Ich glaube, dass Frank später mal ein wirklich guter Lehrer wird. Er kann toll erklären ...“

Nicht schnell zu erreichen, aber trotzdem die ideale Lösung für das Lästerproblem: Versuch, dich selbst zu überwachen. Wenn du dich dabei ertappst, wie du anfängst, über jemanden zu lästern (oder schon etwas nicht sehr Nettes über die Person abgelassen hast), dann fang dich schnell ab und sag stattdessen etwas Gutes über den- oder diejenigen. Doch, das funktioniert wirklich – vielleicht nicht gleich und nicht jedes Mal, aber nach und nach wirst du merken, dass eine Gewohnheit daraus wird. Psychologen sprechen von vier bis sechs Wochen „Trainingszeit“, bis etwas zur Gewohnheit wird – da man Lästerattacken aber nicht unbedingt regelmäßig bekommt, kann es bedeutend länger dauern, bis du auf diesem Gebiet Veränderungen bemerkst. Aber die sind dafür wirklich rundum toll: Du wirst nämlich unausweichlich eine viel positivere Grundeinstellung zu anderen Menschen bekommen. Automatisch wird dir nicht das Negative, sondern das Gute an deinen Mitmenschen ins Auge fallen. Das Lästern verliert immer mehr an Attraktivität. Und das Beste: Andere Personen werden sich in deiner Nähe immer wohler fühlen – und du selbst übrigens auch!

Karo

Filmtipps

- Thank you for Smoking
- Tödliche Gerüchte
- Bridget Jones – Schokolade zum Frühstück

Bibelverse

„Die Worte eines guten Menschen tun wohl; was die Unheilstifter sagen, tut weh." (Sprüche 10,32; GN)

„Wer verächtlich über andere redet, hat keinen Verstand; Verständige halten den Mund. Ein Mensch, der jedes Gerücht weiterträgt, plaudert auch Geheimnisse aus; ein vertrauenswürdiger Mensch behandelt sie vertraulich." (Sprüche 11,12–13; GN)

„Es passt auch nicht zu euch, gemeine, dumme oder schlüpfrige Reden zu führen. Benutzt eure Zunge lieber, um Gott zu danken!" (Epheser 5,4; GN)

Abenteuer

91 Geh tauchen oder schnorcheln

Wenn du in deinem Leben noch nie die unglaubliche Schönheit der Unterwasserwelt live gesehen hast, hast du wirklich etwas verpasst!

Wenn möglich, solltest du einen Tauchkurs machen (das wird in den meisten größeren Schwimmbädern oder Badeseen angeboten oder als Komplettpaket im Rahmen eines Tauchurlaubs), denn wenn man so richtig mit Sauerstoffflasche hinunter in die blaue Tiefe taucht, ist das noch mal ein eindrücklicheres Erlebnis als „nur" zu schnorcheln, also mit Taucherbrille und Schnorchel an der Wasseroberfläche dahinzuschwimmen. Falls dir aber bei dem Gedanken, mehrere Meter unter Wasser zu sein, sehr unwohl ist, ist Schnorcheln durchaus auch eine gute Möglichkeit, einen Teil der Wunderwelt unter Wasser zu entdecken.

Die schönsten Korallenriffe gibt es übrigens vor Sri Lanka, den Malediven, vor der Ostküste Afrikas, in Israel (Rotes Meer), Ägypten, in Indonesien, Florida, rund um Südamerika und natürlich am Great Barrier Reef in Australien.

Das sind zwar alles weit entfernte und teure Locations, aber Tauchen gehört definitiv zu den Dingen, die so unglaublich, so andersartig, so horizonterweiternd und einfach nur schön sind, dass sie die langfristige Planung und den finanziellen Aufwand absolut wert sind!

Wenn du kein Atemgerät im Mund hättest, würde derselbe dir bei deinem ersten Tauchtrip garantiert angesichts von so viel Schönheit vor Staunen und Begeisterung sperrangelweit offen stehen: die bunten Farben der Korallen und Fische, die Fremdartigkeit mancher Lebewesen wie Quallen und Rochen oder die riesigen, aber völlig harmlosen Walhaie ... dazu noch die außerirdische Stille unter Wasser und die unvergleichliche Eleganz der durch den Wasserwiderstand leicht verzögerten Bewegungen sämtlicher Unterwasserlebewesen ... Lass dich von der Kreativität unseres Schöpfers ganz neu verzaubern!

Und warte mit dieser Aufgabe nicht zu lange, denn weltweit sterben aus nicht ganz geklärten Gründen die Korallenriffe ab, sodass ihre umwerfende Vielfalt und Farbenpracht vermutlich nicht mehr allzu lange zu bestaunen sind!

Karo

Filmtipps

- Findet Nemo
- Im Rausch der Tiefe

Bibelvers

„Dann sprach Gott: ‚Das Wasser soll von Leben wimmeln, und in der Luft sollen Vögel fliegen!' So schuf Gott die Seeungeheuer und alle Arten von Wassertieren, ebenso jede Art von Vögeln und geflügelten Tieren. Und Gott sah das alles an: Es war gut. Und Gott segnete seine Geschöpfe und sagte: ‚Seid fruchtbar, vermehrt euch und füllt die Meere, und ihr Vögel, vermehrt euch auf der Erde!'"
(1. Mose 1,20–22; GN)

92 Geh zur Beichte

Sola fide (lat.: „Allein durch den Glauben") lautet einer der Grundbegriffe in der evangelischen Kirche. Luther fasste damit den Gedanken in Worte, dass ein Mensch sich die Anerkennung Gottes nicht durch sogenannte „Werke" verdienen kann, sondern diese nur durch seine Beziehung zu Gott bekommt:

„Denn in ihr wird klar und deutlich gesagt, wer vor Gott bestehen kann: jeder, der sich allein auf das verlässt, was Gott für ihn getan hat, und daran festhält. So heißt es schon in der Heiligen Schrift: ‚Nur der wird Gottes Anerkennung finden und leben, der ihm vertraut.'"
(Römer 1,17; Hfa).

Und damit sind für viele „Evangelische" viele Bräuche, die heute noch in der katholischen Kirche gepflegt werden, abgehakt, darunter auch die Beichte. „Warum sollte ich meine Schuld denn noch gestehen? Ich stehe ja eh schon vor Gott ‚gerecht' da, weil ich an ihn glaube."

Doch bei der Beichte geht es weniger darum, dass ich zu Kreuze kriechen muss, um mein Minus in Gottes himmlischer Kontoführung auszugleichen – Gott braucht das nicht. Er weiß sowieso schon, wenn wir Mist gebaut haben. Wir müssen ihm seine Barmherzigkeit nicht erst mühsam durch ein Schuldeingeständnis aus den Rippen leiern.

Wir sollten unsere Fehler also nicht deshalb bekennen,

weil Gott das als Grundvoraussetzung festgelegt hat, um uns wieder anzunehmen, sondern weil *wir* es brauchen.

Wenn wir jemandem – Gott, unserem Pastor/Pfarrer, einem Seelsorger oder einem anderen Christen unseres Vertrauens – unsere Schuld eingestanden haben, geschehen zwei Dinge: Zum einen werden wir uns erfahrungsgemäß viel besser fühlen, wenn wir diese Last los sind. Zum anderen wird uns die Tatsache, dass wir über unseren Schatten springen müssen, um die Schuld zu bekennen, vielleicht in der Zukunft davon abhalten, noch einmal denselben Fehler zu begehen.

Dabei solltest du so konkret und ehrlich wie möglich sein: Was hast du genau getan? Warum hast du es getan? Was war die dahinter liegende Motivation? Und wenn du alles bekannt hast, solltest du auch Gottes Versprechen für dich in Anspruch nehmen:

„Ja, der Herr wird wieder Erbarmen mit uns haben und unsere Schuld auslöschen. Er wirft unsere Sünden ins tiefste Meer.“ (Micha 7,19; Hfa)

Nicole

Filmtipps

- Ben Hur
- Der Sohn
- Les Misérables – Die Elenden
- Das Leben der Anderen

Bibelvers

„Wenn wir aber unsere Sünden bereuen und sie bekennen, dann dürfen wir darauf vertrauen, dass Gott seine Zusage treu und gerecht erfüllt: Er wird unsere Sünden vergeben und uns von allem Bösen reinigen.“ (1. Johannes 1,9; Hfa)

Sonstiges

93 Werde in etwas richtig gut

Wenn du schon einmal jemanden beobachtet hast, der eine Sportart, ein Instrument oder eine andere Tätigkeit meisterhaft beherrscht, bist du vielleicht auch ganz ehrfürchtig geworden. Es ist toll, wie unglaublich eine Geige klingen kann, wenn jemand wirklich weiß, wie man darauf spielt, wie Worte zu singen beginnen, wenn jemand die Kunst des Dichtens richtig draufhat, oder was ein wahrer Tenniskünstler mit einem Ball und einem Schläger alles hinbekommt.

Etwas wirklich zu beherrschen ist eine super Sache – sie hat nur leider einen Nachteil: Es kostet unendlich viel Zeit, Mühe, Blut, Schweiß und Tränen, in etwas richtig gut zu werden. Selbst wenn Sendungen à la „Popstars" uns weismachen wollen, dass es auch elegante Abkürzungen gibt – mit wirklichem Können hat das eben doch irgendwie nichts zu tun. Die wenigsten Menschen kommen als Ausnahmetalente zu Welt – selbst bei einem Boris Becker oder einer Anna Netrebko kommen zur angeborenen Begabung viele, viele Jahre geduldigen Trainings, gnadenloser Korrekturen, frustrierender Rückschläge und endloser Wiederholungen hinzu. Andererseits ist das auch tröstlich, denn es bedeutet, dass auch ein eher durchschnittlich begabter Mensch auf einem Gebiet richtig gut werden kann, wenn er sich mit Leidenschaft und Durchhaltevermögen dahinterklemmt.

Das lohnt sich – es liegt eine unheimliche Befriedigung darin, ein Talent so weit wie nur möglich zu entwickeln, sich Können und Technik zu erarbeiten und schließlich etwas wirklich gut zu können. Für nichts Geringeres sind wir Menschen gedacht – Mittelmäßigkeit stellt uns einfach nicht zufrieden!

Nicht umsonst steht in der Bibel: „Alles, was ihr tut, tut von Herzen, als etwas, das ihr für den Herrn tut und nicht für Menschen“ (Kolosser 3,23) – und wenn man etwas für Gott tut, dann passt das mit „mal eben so hingeschludert“ nicht zusammen.

Für was hast du Talent, was interessiert dich so richtig brennend? Wenn du keine Sportskanone bist oder dein musikalisches Talent eher begrenzt ist, macht das nichts – dann such dir einfach ein Interessensgebiet, das dich wirklich fesselt, und werde in dieser Sache zum Experten.

Wenn dir zunächst mal nichts einfällt, wofür du dich richtig ins Zeug legen willst, beschäftige dich doch erst mal eingehend mit einer berühmten Person, die eine Sache meisterhaft beherrscht hat – vielleicht inspiriert dich das dazu, dir selbst ein solches Können anzueignen.

Karo

Filmtipps

- Rhythm is it!
- Billy Elliot – I will dance
- Freedom Writers

Bibelvers

„Alles, was ihr tut, tut von Herzen, als etwas, das ihr für den Herrn tut und nicht für Menschen.“
(Kolosser 3,23; GN)

94 Sprich mit jemandem ein „Übergabegebet“

Wenn du selbst schon Christ bist, weißt du ja hoffentlich, warum – wobei es auch eine Lebensaufgabe ist, deinen eigenen Glauben zu finden und deine ganz individuelle Beziehung zu Gott zu leben, gerade wenn du aus einem „frommen Stall“ kommst.

Egal. Jedenfalls gehört zu den letzten Worten, die Jesus auf dieser Erde an seine Jünger gerichtet hat, der sogenannte „Missionsauftrag“ (Matthäus 28,18–20): „Jesus trat auf sie zu und sagte: ‚Gott hat mir unbeschränkte Vollmacht im Himmel und auf der Erde gegeben. Darum geht nun zu allen Völkern der Welt und macht die Menschen zu meinen Jüngern und Jüngerinnen! Tauft sie im Namen des Vaters und des Sohnes und des Heiligen Geistes, und lehrt sie, alles zu befolgen, was ich euch aufgetragen habe. Und das sollt ihr wissen: Ich bin immer bei euch, jeden Tag, bis zum Ende der Welt.‘“

Normalerweise ist es ja so: Wenn man von etwas wirklich begeistert ist, kann man gar nicht anders, als darüber zu reden. Hat dich zum Beispiel der neueste „James Bond“-Film im Kino total vom Hocker gerissen, wirst du natürlich hingehen und deinen Freunden brühwarm alles darüber erzählen. Und das ist ja auch ganz selbstverständlich.

Oder wenn du dich gerade neu verliebt hast, musst du deiner Freundin einfach ständig von deinem Schwarm erzählen. Du kannst einfach an nichts anderes denken.

Komisch nur, dass wir uns oft einen abbrechen, wenn

es darum geht, andere Leute an unserer Begeisterung für Gott teilhaben zu lassen. Warum eigentlich? Da gibt's ja nur zwei Möglichkeiten: Entweder sind wir selbst gar nicht so besonders begeistert oder wir haben aus irgendwelchen Gründen Schiss davor. Wenn bei dir Ersteres der Fall ist, dann denk doch mal kurz darüber nach, wieso. Und wenn Zweiteres zutrifft, ist die Wieso-Frage auch ganz sinnvoll.

Schlimmstenfalls machen sich deine Freunde ein bisschen über dich lustig – aber möglicherweise interessiert sie ja, was du glaubst und warum. Eigentlich wäre das ganz normal, denn du interessierst dich ja auch für ihre Ideen und Überzeugungen. Also: bei der nächsten Gelegenheit nicht verkrampfen, sondern genauso selbstverständlich von deiner letzten Begegnung mit Gott reden wie von den coolen Parcours-Stunts in „Casino Royale".

Richtig tiefgehende Gespräche über den Glauben sind unheimlich bereichernd – auch für dich, um deinen eigenen Standpunkt zu überprüfen und zu klären. Und wer weiß, vielleicht darfst du ja auch mal den tollsten und heiligsten Moment überhaupt erleben und mit jemandem das entscheidende Gebet der Gebete sprechen, in dem der Betreffende sein Leben Gott öffnet. In der Bibel steht, dass in diesem Moment im Himmel eine Riesenparty steigt (Lukas 15,7). Und genau so fühlt sich das auch an!

Karo

Filmtipp

- Bruce Allmächtig

Bibelvers

„Gott hat mir unbeschränkte Vollmacht im Himmel und auf der Erde gegeben. Darum geht nun zu allen Völkern der Welt und macht die Menschen zu meinen Jüngern und Jüngerinnen! Tauft sie im Namen des Vaters und des Soh-

nes und des Heiligen Geistes, und lehrt sie, alles zu befolgen, was ich euch aufgetragen habe. Und das sollt ihr wissen: Ich bin immer bei euch, jeden Tag, bis zum Ende der Welt." (Matthäus 28,18–20; GN)

Lebensgestaltung

95 Entschleunige dein Leben

In unserer Zeit muss alles schnell gehen. Wir lieben nicht nur schnelle Autos – wir wollen schneller kommunizieren und haben auch immer unser Handy dabei. Wir wollen schneller surfen und legen uns eine 16.000 kBit/s-Internetverbindung zu. Wir wollen nach der Schule oder nach Feierabend nicht noch stundenlang am Herd stehen und schieben Fastfood-Gerichte in die Mikrowelle ... Hauptsache „instant" – also „sofort".

Und eigentlich wünschen wir uns das auch für andere Bereiche unseres Lebens – zum Beispiel für den geistlichen. Wir haben Schwierigkeiten damit, regelmäßig eine extra reservierte Zeit mit Gott zu verbringen? Na, da sollte doch eine knackige Predigt am Sonntagmorgen ausreichen, um uns wieder auf den richtigen Weg zu bringen. Wir haben keine Lust, in die Jugendstunde zu gehen? Na, dann sollte es eine 5-Minuten-Bibellese auch tun.

Doch es gibt einfach keine Instantbeziehungen – weder zu anderen Menschen noch zu Gott. Eigentlich geht überhaupt nichts schnell, was wirklich wichtig ist. Sich Zeit lassen ist deshalb eine wichtige geistliche Übung.

Hier ein paar Tipps: Stell dich im Supermarkt mit voller Absicht in die längste Schlange und warte einfach, ohne deswegen wuschig zu werden oder an den Fingernägeln zu kauen. Verzichte auf deinen PC und verfass mal wieder einen Brief mit der Hand – was empfindest du dabei, wenn du dir einmal mehr Zeit nehmen musst, um eine Liebeserklärung, eine Entschuldigung oder einfach nur einen netten Gruß zu Papier zu bringen? Geh mal zu Fuß zur Schule oder zum Job oder fahr mit dem Fahrrad oder öffentlichen Verkehrsmitteln. Quäl dich am Wochenende mal früher aus dem Bett und triff dich zum gemütlichen Frühstücken oder Brunchen mit ein paar Kumpels oder Freundinnen ... Deiner Fantasie sind hier keine Grenzen gesetzt.

Nicole

Filmtipps

Schau dir doch einfach mal ohne schlechtes Gewissen stundenlang deine Lieblings-TV-Serie oder deine Lieblingsfilme an.

Bibelvers

„Jesus ging auf einen Berg, um zu beten. Die ganze Nacht hindurch sprach er im Gebet mit Gott." (Lukas 6,12; GN)

96 Versuch, deinen besten Freund/deine beste Freundin aus der Grundschule wiederzufinden

Ich war im Kindergarten verlobt – mit „Tsvenni" aus der Nachbarstraße. Komplett mit Verlobungsringen aus dem Kaugummiautomaten – ich hatte einen roten, er einen blauen. Leider ist er dann später mit seinen Eltern weit weggezogen, und so wurde nichts aus unserer Liaison. Was er heute so macht, weiß ich nicht – aber dank Internet ist es ja kein großes Problem mehr herauszufinden, wo er lebt, was er macht und wie er aussieht.

Wer war in der Grundschule oder im Kindergarten dein bester Kumpel oder deine liebste Freundin? Steht ihr noch in Kontakt zueinander? Wenn nicht, stell doch mal ein paar Nachforschungen an – wenn das Internet nichts oder zu viele Optionen hergibt, kannst du ja bei seinen/ihren Eltern nachfragen oder gemeinsame Bekannte löchern. Es ist bestimmt spannend zu sehen, was er/sie in der Zwischenzeit gemacht und erlebt hat, wie er/sie sich entwickelt hat, ob ihr euch noch erkennt und auch in „Groß" noch leiden könntet.

Seit einiger Zeit erfreuen sich auch Websites wie www.wer-kennt-wen.de oder www.stayfriends.de großer Beliebtheit. Gerade bei der letztgenannten Adresse kann man einen Account anlegen und dann zum Beispiel die Ausbildungsstätten angeben, die man im Laufe seines Lebens besucht hat – vom Kindergarten bis hin zur Uni. Und das Tolle ist, dass du dann benachrichtigt wirst, wenn sich jemand anmeldet, der im selben Abi-Jahrgang war oder gemeinsam mit dir zur Grundschule gegangen ist. Probier es doch einfach mal aus. Du wirst überrascht sein, wie viele „verschollene" Personen sich auf diese Weise wiederfinden.

PS: Frisch inspiriert von diesem Beitrag habe ich mal im Internet gesurft und zwar nicht „Tsvenni", aber dafür meine ehemals beste Freundin aus der Jungschargruppe wiedergefunden, die tatsächlich wieder in der Gegend wohnt ... und wir haben ein Treffen ausgemacht.

Karo

Filmtipps

- Glauben ist alles
- Stand By Me – Das Geheimnis eines Sommers
- Now and Then – Damals und heute
- Eine für vier

Bibelvers

„David und Jonatan schlossen einen Bund und schworen sich ewige Freundschaft." (1. Samuel 18,3; Hfa)

Sonstiges

97 Versetz dich in die Welt eines Kleinkindes

Da fällt mir eine schöne Geschichte von einem kleinen Mädchen ein. Bei einem Sommergewitter mitten in der Nacht geht der Vater der Kleinen in ihr Zimmer, um nachzusehen, ob sie vielleicht aufgewacht ist und Angst hat. Er findet die Kleine am Fenster stehend vor, während es draußen blitzt und donnert, und erkundigt sich, was sie da macht. Sie dreht sich aufgeregt um und sagt: „Papa, ich glaube, eben hat Gott ein Foto von mir gemacht!"

Es ist wirklich faszinierend, wie kleine Kinder die Welt sehen. Wenn sie so zwischen 3 und 5 Jahre alt sind, können sie sich meist schon ganz gut ausdrücken und bringen die tollsten Sprüche. Außerdem ist es total spannend zu sehen, wie sich jemand verhält, der sich keinerlei Gedanken um Alltagsdinge machen muss, keine Verantwortung trägt, im Normalfall von morgens bis abends liebevoll betreut wird, einerseits total egozentrisch und andererseits völlig unbefangen ist und weder Vorurteile noch Hemmungen kennt.

Kinder sind meist gnadenlos ehrlich – nicht umsonst gibt es ja den Spruch „Kindermund tut Wahrheit kund" – und können sowohl sehr grausam als auch unheimlich liebevoll sein.

Gibt es in deiner erweiterten Familie jemanden, der ein kleines Kind hat? Verbring doch mal einige Stunden mit ihm – auch wenn du zwischendurch vielleicht immer mal das Gefühl hast, dass du einfach zu cool dafür bist. Beobachte das Mini-Menschlein genau und frag dich:

Sind Menschen von Natur aus gut? Wie viel von unserem Verhalten ist wohl anerzogen und wie viel angeboren? Haben Kinder eine Art natürlichen Instinkt? Wie würde eine Welt aussehen, in der kleine Kinder das Sagen haben? Hätte Herbert Grönemeyer recht, der in seinem Song „Kinder an die Macht" ein sehr positives Bild von Kindern und ihrer Sicht der Welt malt, oder geht es eher in die Richtung des gruseligen Romans „Herr der Fliegen", in dem eine Gruppe Kinder nach einem Schiffbruch allein auf einer Insel klarkommen muss und bald völlig abdreht?

Karo

Filmtipps

- Guck mal, wer da spricht!
- Big
- Herr der Fliegen

Bibelvers

„Ich versichere euch: Wenn ihr euch nicht ändert und den Kindern gleich werdet, dann könnt ihr in Gottes neue Welt überhaupt nicht hineinkommen. Wer es auf sich nimmt, vor den Menschen so klein und unbedeutend dazustehen wie dieses Kind, ist in der neuen Welt Gottes der Größte." (Matthäus 18,3–4)

98 Schau dir ein WM-Spiel an und lass dich von der Begeisterung der Menschen anstecken

Kannst du dich noch an die Fußball-Weltmeisterschaft 2006 erinnern oder an die Handball-Weltmeisterschaft 2007, als halb Deutschland (und Millionen von internationalen Besuchern) auf den Straßen waren – hupend, singend und feiernd? Und das hier in Deutschland, wo man uns doch gern vorwirft, dass wir zum Lachen in den Keller gehen ...

Warst du auch dabei? Hast du auch mit Freunden vor der Glotze gehangen und mitgefiebert? Oder hast du dich vielleicht sogar mit Tausenden von anderen Menschen schon Stunden vor den Spielen vor einer großen Public-Viewing-Leinwand versammelt, weil ihr es gar nicht abwarten konntet?

Und was hast du getan, als diese Großveranstaltungen vorüber waren? Hast du das Feiern eingestellt, weil ja nun der Alltag zurückgekehrt ist und es nichts mehr zu feiern gibt? Läuft dein Leben wieder in seiner alten Langeweile ab – Montag bis Freitag sitzt du sechs Stunden am Tag in der Schule, kämpfst dich danach zu Hause noch ein paar Stunden mit den Hausaufgaben ab, bevor du dich zum Abhängen mit ein paar Freunden triffst? Stehst du 40 Stunden in der Woche in einer Fabrik und machst immer dieselben langweiligen Handgriffe? Versuchst du einfach, die fünf Arbeitstage zu überleben, bevor das nächste Wochenende da ist und du endlich *richtig* leben kannst?

Dann lass dir was gesagt sein: Gott hat dich nicht bloß für die beiden Tage des Wochenendes geschaffen. Du lebst nicht, um zu arbeiten, wie es in dem bekannten Spruch heißt. Du arbeitest, um zu leben. Das heißt, dein Lebensziel auf diesem Planeten besteht nicht darin, nur eine gewisse Zeit in einem unter Umständen langweiligen Job zu verbringen. Du bist hier, um das Leben in seiner ganzen Fülle zu genießen – und zu feiern.

John Ortberg beschreibt in seinem Buch „Das Leben, nach dem du dich sehnst", wie die Schöpfungsgeschichte ausgesehen hätte, wenn Gott den Schöpfungsprozess als bloßen Job gesehen hätte und nicht als Gelegenheit, andere zu erfreuen oder seiner Kreativität freien Lauf zu lassen:

„Am Anfang war es neun Uhr. Gott musste an die Arbeit gehen. Er füllte einen Antrag aus, um Licht und Dunkel zu trennen. Er dachte darüber nach, Sterne zu erschaffen, um die Nacht schöner zu machen, und Planeten, um den Himmel zu füllen, aber dann dachte er, dass es nach zu viel Arbeit klang. Und außerdem, so dachte Gott, war das nicht sein Job. Also beschloss er, früher Schluss zu machen und den Arbeitstag für beendet zu erklären. Und er schaute an, was er gemacht hatte, und sagte: ‚Es wird seinen Zweck erfüllen.'

Am zweiten Tag trennte Gott Wasser vom trockenen Land. Und er machte das ganze Land flach, eben und funktional, sodass die ganze Erde – siehe da – wie Idaho aussah. Er dachte darüber nach, Berge und Täler, Gletscher, Dschungel und Wälder zu schaffen, aber dann entschied er, dass es sich nicht lohnen würde. Und Gott schaute an, was er an diesem Tag gemacht hatte, und sagte: ‚Es wird seinen Zweck erfüllen.'

Und Gott schuf eine Taube, die durch die Luft fliegen, einen Karpfen, der im Wasser schwimmen, und eine

Katze, die über das trockene Land laufen sollte. Und Gott dachte darüber nach, eine Million anderer Tiere aller Größen und Formen und Farben zu schaffen, aber er konnte keine rechte Begeisterung für weitere Tiere aufbringen. Um ehrlich zu sein, war er auch von der Katze nicht mehr ganz überzeugt. Außerdem war es schon fast Zeit für den Spätfilm. Also schaute Gott an, was er gemacht hatte, und sagte: ‚Es wird seinen Zweck erfüllen.'

Und am Ende der Woche war Gott völlig ausgepowert. Er stieß einen Seufzer der Erleichterung aus und sagte: ‚Mir sei Dank, es ist Freitag.'"[13]

Als Geschöpf Gottes, das nach seinem Bild geschaffen ist, sollst du Gottes unbändige Freude am Leben widerspiegeln. Wenn daher in der Bibel von Freude die Rede ist, wird das nicht als Anregung verstanden – nach dem Motto: „Wie wär's, wenn ihr neben all der Arbeit auch der Freude ein bisschen Raum in euerm Leben einräumt?" –, sondern als Befehl. Ob du es glaubst oder nicht: Freudlosigkeit ist eine ernst zu nehmende Sünde, zu der vor allem fromme Menschen neigen.

Was ist deine Lieblingssportart? Fußball? Handball? Hockey? Wirf einmal einen Blick in deine Tageszeitung oder ins Internet: Wann findet das nächste Ligaspiel dieser Sportart statt? Wann die nächste Europa- oder Weltmeisterschaft? Kann man vielleicht sogar schon Karten für dieses Ereignis kaufen? Und wenn du mal wieder so RICHTIG mit aller Welt abfeiern willst: 2011 findet die Frauen-Fußball-WM in Deutschland statt – also „Die Welt zu Gast bei Freundinnen". ☺

Nicole

[13] John Ortberg: Das Leben, nach dem du dich sehnst, Gerth Medien, Asslar 1998, S. 69

Filmtipps

- Deutschland – ein Sommermärchen
- Handball WM 2007: Deutschland Weltmeister – ein Wintermärchen

Bibelvers

„Freut euch immerzu, mit der Freude, die vom Herrn kommt! Und noch einmal sage ich: Freut euch!“
(Philipper 4,4; GN)

99 Erstell deine eigene Liste

Herzlichen Glückwunsch, du hast es geschafft. Wenn du nur einige der Anregungen in die Tat umgesetzt hast, die wir in diesem Buch beschrieben haben, hast du – hoffentlich – schon eine Menge Spaß gehabt, viel erlebt und auch viel nachgedacht. Aber es wäre schade, wenn du das Projekt jetzt an den Nagel hängen würdest – dein Leben dauert ja, statistisch gesehen, noch viele Jahrzehnte.

Außerdem hat jeder Mensch seine ganz eigenen Träume, Wünsche und Vorstellungen und deine sind sicher andere als unsere. Und im Laufe der Zeit verändern diese sich in der Regel auch noch öfters, man setzt andere Schwerpunkte oder lernt ganz ungeahnte neue Dimensionen kennen. Also los, hier hast du Platz, um deine eigene Liste anzufangen:

....

....

....

....

....

....

....

....

....

....

....

....

....

....

....

....

....

....

....

....

....

....

....

....

Nicole

Filmtipps

- In den Schuhen meiner Schwester
- Elizabethtown

Bibelvers

„Ich aber bin gekommen, um ihnen das Leben zu geben, Leben im Überfluss." (Johannes 10,10; GN)

Anhang

99 Bücher, die du gelesen haben solltest

Es gibt zahlreiche Listen, die die Titel der 100 (oder 50 oder 200 oder 1.001) Bücher enthalten, die man in seinem Leben unbedingt gelesen haben sollte. Zu diesen 100 (oder wie vielen auch immer) Büchern zählen Klassiker wie Johann Wolfgang von Goethes „Die Leiden des jungen Werther" oder Herman Melvilles „Moby Dick" genauso wie „Der kleine Prinz" von Antoine Saint-Exupéry oder „Pippi Langstrumpf" von Astrid Lindgren.

Wer entscheidet darüber, was man gelesen haben *muss?* Welche Kriterien legt man an einen solchen Kanon an? Oder verändert diese Liste sich vielleicht auch immer wieder einmal?

Auf der folgenden Seite findest du *unsere* Liste der 99 lesenswerten Bücher – was aber nicht heißen soll, dass es nicht auch noch viel mehr tolle Geschichten da draußen gibt. Die Bibel führen wir übrigens nicht speziell an, weil sie für uns *das* Standardwerk überhaupt ist.

Wenn du dir die Liste anschaust, wirst du feststellen, dass es sich dabei im Grunde um einen Streifzug durch die Jahrhunderte und durch die unterschiedlichsten Genres handelt – Meilensteine der Literaturgeschichte stehen hier neben Kultromanen, aber auch Fantasy- und Kinderbücher reihen sich friedlich mit ein. Einige dieser Titel haben Eingang auf unsere Liste gefunden, weil sie schon seit Jahrzehnten und vielleicht sogar Jahrhunderten von den unterschiedlichsten Menschen geliebt werden. Andere sind erst in den vergangenen Jahren verfasst worden, sind aber im Gepäck ihrer Fans schon um die ganze Welt gereist. Auf jeden Fall sind es Bücher, die etwas in einem bewegen, die einen zu einem besseren Menschen machen und/oder die einfach nur wunderschön sind.

Du musst sie natürlich nicht alle lesen. Vielleicht bist du auch ein bisschen lesefaul, aber wenn du dir die Liste anschaust, wirst du feststellen, dass vieles davon verfilmt wurde oder als Hörbuch erhältlich ist.

Nicole

1 J. R. R. Tolkien: Der Herr der Ringe
2 Aldous Huxley: Schöne neue Welt
3 George Orwell: 1984
4 Thomas Mann: Die Buddenbrooks
5 Patrick Süßkind: Das Parfum
6 Gabriel Garcia-Marquez: Hundert Jahre Einsamkeit
7 Ernest Hemingway: Der alte Mann und das Meer
8 Frank Schätzing: Der Schwarm
9 C. S. Lewis: Die Chroniken von Narnia
10 Johann Wolfgang von Goethe: Die Leiden des jungen Werther
11 Friedrich Schiller: Die Räuber
12 William Golding: Herr der Fliegen
13 Anna Seghers: Das siebte Kreuz
14 Bernhard Schlink: Der Vorleser
15 Leo Tolstoi: Krieg und Frieden
16 Fjodor Dostojewski: Verbrechen und Strafe (Schuld und Sühne)
17 Gustave Flaubert: Madame Bovary
18 Alexandre Dumas: Der Graf von Monte Christo
19 Victor Hugo: Les Misérables
20 William Shakespeare: Romeo und Julia
21 Jean-Paul Sartre: Geschlossene Gesellschaft
22 Antoine de Saint-Exupéry: Der kleine Prinz
23 Charlotte Brontë: Jane Eyre

24 Emily Brontë: Sturmhöhe
25 Jane Austen: Stolz und Vorurteil
26 Harriet Beecher-Stowe: Onkel Toms Hütte
27 Margaret Mitchell: Vom Winde verweht
28 J. D. Salinger: Der Fänger im Roggen
29 Michael Ende: Momo
30 Oscar Wilde: Das Bildnis des Dorian Gray
31 Henrik Ibsen: Nora
32 Douglas Copeland: Generation X
33 Christiane F.: Wir Kinder vom Bahnhof Zoo
34 Umberto Eco: Der Name der Rose
35 Paulo Coelho: Der Alchimist
36 Isabel Allende: Das Geisterhaus
37 Carlos Ruiz Zafón: Der Schatten des Windes
38 Theodor Fontane: Effi Briest
39 Stanislaw Lem: Solaris
40 Hermann Hesse: Narziss und Goldmund
41 Frank McCourt: Die Asche meiner Mutter
42 Siegfried Lenz: Deutschstunde
43 Max Frisch: Homo Faber
44 Jostein Gaarder: Sofies Welt
45 John Irving: Gottes Werk und Teufels Beitrag
46 Harper Lee: Wer die Nachtigall stört
47 Erich Maria Remarque: Im Westen nichts Neues
48 Astrid Lindgren: Pippi Langstrumpf
49 Otfried Preußler: Krabat
50 John Steinbeck: Jenseits von Eden
51 Anne Frank: Das Tagebuch der Anne Frank
52 Herman Melville: Moby Dick
53 Morton Rhue: Die Welle
54 Lewis Carroll: Alice im Wunderland
55 Mark Twain: Die Abenteuer des Tom Sawyer
56 Judith Kerr: Als Hitler das rosa Kaninchen stahl
57 Erich Kästner: Das doppelte Lottchen
58 Cornelia Funke: Tintenwelt-Trilogie

59 Kurt Held: Die rote Zora und ihre Bande
60 James M. Barric: Peter Pan
61 Charles Dickens: Oliver Twist
62 Jack London: Wolfsblut
63 Karl May: Winnetou
64 Fynn: Hallo, Mister Gott, hier spricht Anna
65 Robert Louis Stevenson: Die Schatzinsel
66 Daniel Dafoe: Robinson Crusoe
67 Kenneth Grahame: Der Wind in den Weiden
68 Jules Verne: In 80 Tagen um die Welt
69 Francis Hodgson Burnett: Der kleine Lord
70 J. R. R. Tolkien: Der kleine Hobbit
71 Wilhelm Busch: Max und Moritz
72 Joanne K. Rowling: Harry Potter (Reihe)
73 Eoin Colfer: Artemis Fowl
74 Hans Christian Andersen: Die kleine Meerjungfrau
75 Walter Scott: Ivanhoe
76 Dieter Noll: Die Abenteuer des Werner Holt
77 James Fenimore Cooper: Der letzte Mohikaner
78 Friedrich Dürrenmatt: Das Versprechen
79 Selma Lagerlöf: Nils Holgersson
80 Jonathan Swift: Gullivers Reisen
81 Jack London: Der Seewolf
82 Marguerite Henry: König des Windes
83 Christopher Paolini: Eragon (Reihe)
84 Rainer M. Schröder: Abby Lynn. Verbannt ans Ende der Welt
85 Hermann Schreiber: Marco Polo
86 Valérie Zenatti: Leihst du mir deinen Blick?
87 Anna Gavalda: Zusammen ist man weniger allein
88 Thornton Wilder: Theophilus North
89 Pat Conroy: Die Herren der Insel
90 Adrian Plass: Tagebuch eines frommen Chaoten
91 Eric Malpass: Morgens um sieben ist die Welt noch in Ordnung

92 Marion Zimmer Bradley: Die Nebel von Avalon
93 Robert Schneider: Schlafes Bruder
94 S. Neill: Die grüne Wolke
95 H. G. Wells: Die Zeitmaschine
96 Leon Uris: Haddsch
97 Ken Follett: Die Säulen der Erde
98 Noah Gordon: Der Medicus
99 Gotthold Ephraim Lessing: Nathan der Weise

99 Filme, die du mal gesehen haben solltest

Einen richtig guten Film erkennst du daran, dass du ihn dir gerne mehrmals anschaust. Wenn du im Kino warst, würdest du am liebsten noch einen Augenblick sitzen bleiben, weil der Film dich so sehr angesprochen hat, und das nicht nur wegen des gutaussehenden Hauptdarstellers. Nein, irgendwie stimmte alles: Die Darsteller, die Musik und die Kulissen haben dich für zwei Stunden in eine andere Welt entführt. Die eigentliche Geschichte lässt dich nach dem Abspann einfach nicht los – vielleicht, weil sie in dein eigenes Leben hineingesprochen hat oder weil sie in dir die Sehnsucht geweckt hat, einmal aus dem Alltag auszubrechen und Abenteuer zu erleben. Hast du dir schon mal gewünscht, wie Pippi Langstrumpf einmal tun und lassen zu können, was du willst? Oder Luke Skywalker zu sein, der in einem Raumschiff durch das All fliegt und gegen die dunkle Seite der Macht kämpft? Filme entführen uns in eine andere Realität. Sie zeigen uns die Welt, wie wir sie gerne hätten. Sie präsentieren uns Helden, an deren Seite wir nicht nur gegen die Dämonen auf der Leinwand kämpfen. Wenn du sie dir mit offenen Augen und einem offenen Herzen anschaust, wirst du überall auf Figuren stoßen, die dir seltsam verwandt erscheinen oder dich ein klein wenig besser machen.

Keine Angst: Du musst dir die folgenden Filme[14] nicht alle kaufen oder schenken lassen. Vermutlich besitzen deine Eltern oder deine Freunde auch ein paar davon und du kannst sie dir bestimmt ausleihen. Darüber hinaus bieten mittlerweile auch viele Bibliotheken Verleihvideos an – ganz zu schweigen davon, dass man die Filme auch in Videotheken günstig bekommen kann.

Und noch etwas: Einige der aufgeführten Filme sind schon etwas älter. Sie sind vielleicht nicht so actionreich wie die, die du heutzutage im Kino anschauen kannst. Oder sie sind sogar noch schwarz-weiß. Aber keine Sorge: Nur weil ein Film nicht in Farbe ist und nicht ständig irgendwo ein Haus explodiert, heißt das noch lange nicht, dass das Anschauen Zeitverschwendung wäre. Gib ihnen einfach einmal eine Chance!

Nicole

1 Der Herr der Ringe (Trilogie; 2001–2003)
2 Star Wars Episode 1–6 (1977, 1980, 1983, 1999, 2002, 2005)
3 Ist das Leben nicht schön? (1946)
4 Das Leben ist schön (1997)
5 Mein linker Fuß (1990)
6 Die Feuerzangenbowle (1944)
7 Stolz und Vorurteil (1995)
8 Ice Age (2002)
9 Pleasentville (1998)
10 Der Club der toten Dichter (1989)
11 Der fabelhafte Welt der Amélie (2001)
12 Chocolat (2000)
13 Ben Hur (1959)
14 Quo vadis? (1951)
15 Frühstück bei Tiffany (1961)
16 2001: Odyssee im Weltraum (1968)
17 Casablanca (1942)

---

[14] Die Filme haben unterschiedliche Altersfreigaben, d.h. einige der Filme sind u. U. erst für 16-Jährige geeignet.

18 Vom Winde verweht (1939)
19 King Kong (1933/2004)
20 Zurück in die Zukunft (1985)
21 Die Zehn Gebote (1956)
22 Der alte Mann und das Meer (1958)
23 Der Zauberer von Oz (1939)
24 Der unsichtbare Dritte (1959)
25 Arsen und Spitzenhäubchen (1944)
26 Manche mögen's heiß (1959)
27 Zwölf Uhr mittags (1952)
28 Metropolis (1927)
29 Das Haus am Meer (2001)
30 Der Untertan (1951)
31 Denn sie wissen nicht, was sie tun (1955)
32 Der dritte Mann (1959)
33 Das Leben der Anderen (2005)
34 Wie im Himmel (2005)
35 Apocalypse Now (2001)
36 Der Pate (1972)
37 Die Farbe Lila (1985)
38 Fluch der Karibik (2003)
39 Das Boot (1981)
40 Dune – Der Wüstenplanet (1984)
41 Harry und Sally (1989)
42 Drei Haselnüsse für Aschenbrödel (1973)
43 Highlander (1986)
44 Die Braut des Prinzen (1987)
45 Pulp Fiction (1994)
46 König der Löwen (1994)
47 Blade Runner (1982)
48 Das Dschungelbuch (1967)
49 Das fliegende Klassenzimmer (1954)
50 Schindlers Liste (1993)
51 Jakob der Lügner (1975)
52 Jenseits der Stille (1996)

53 Titanic (1997)
54 An ihrer Seite (2006)
55 Die Chroniken von Narnia: Der König von Narnia (2005)
56 Roots (1977)
57 Sophie Scholl (2005)
58 Die Herberge zur 6. Glückseligkeit (1958)
59 Citizen Kane (1941)
60 Der einzige Zeuge (1985)
61 Der Schuh des Manitu (2001)
62 Krieg der Knöpfe (1961)
63 Lola rennt (1998)
64 Lawrence von Arabien (1962)
65 Forrest Gump (1994)
66 Forrester – gefunden (2000)
67 A Beautiful Mind (2001)
68 Good Will Hunting (1997)
69 Walk the Line (2005)
70 Rain Man (1988)
71 Die Truman-Show (1998)
72 Gilbert Grape – Irgendwo in Iowa (1993)
73 Der mit dem Wolf tanzt (1990)
74 Aus der Mitte entspringt ein Fluss (1992)
75 Viel Lärm um nichts (1993)
76 Die Vögel (1963)
77 So weit die Füße tragen (1959)
78 Im Westen nichts Neues (1930)
79 Die Wüste lebt (1954)
80 Moderne Zeiten/Der große Diktator (1936/1940)
81 Jenseits von Afrika (1984)
82 Pretty Woman (1990)
83 1984 (1984)
84 Saat der Gewalt (1955)
85 München (2005)
86 Das dreckige Dutzend (1967)

87 Die Verurteilten (1994)
88 Einer flog übers Kuckucksnest (1975)
89 Das Fenster zum Hof (1954)
90 Indiana Jones (1981, 1984, 1989)
91 Die zwölf Geschworenen (1957)
92 Matrix (1999)
93 Gottes vergessene Kinder (1986)
94 Garden State (2005)
95 Die Legende vom Ozeanpianisten (1999)
96 Im Rausch der Tiefe (1987)
97 Braveheart (1995)
98 Die Reifeprüfung (1967)
99 König der Fischer (1991)

···› Existierst du noch oder lebst du schon?

Bohlen/Gajownik/Leeman:

Leben mit Vision – Für Teens

Wozu um alles in der Welt lebst du?

Broschur, 104 Seiten
Bestell-Nr. 816 197

Wir leben im Durchschnitt 25.500 Tage. Warum nicht mal 40 davon investieren, um sich auf die Suche nach dem Sinn deines Lebens zu begeben? Dieses Buch begleitet dich dabei. Es verpackt das Ganze in Geschichten aus dem wahren Leben, die dir vermutlich teilweise bekannt vorkommen: Geschichten von Dates und Mutproben, von Captain Picard und Mörderhalsbonbons, von biblischen Versagern und geistlichen Riesen.

Jeder Tag wird von einem „Vers des Tages" begleitet und enthält eine Reihe von „Actionsteps", die dir dabei helfen sollen, das Gelesene mit Freunden zu besprechen und in deinem Leben umzusetzen.